눈 오는 날 싸박싸박
비 오는 날 장감장감

눈 오는 날 싸박싸박
비 오는 날 장감장감

전라도 말의 꽃심

김규남 산문집

문학동네

책머리에

　방언은 일정 지역의 언어공동체 내에서 그 나름의 체계를 가지고 자생적으로 발달해온 자연언어이다. 그리고 이 다양한 자연언어들의 총체적 집합체가 바로 한국어이다. 물론 방언은 한국어라는 공동의 기반 위에서 존재하며 동시에 다른 방언과 상이한 개별적 특성을 지닌다. 방언 속에는 오랜 시간 동안 켜켜이 누적되어온 그 지역 나름의 사회문화적 특성들이 농축되어 있다. 그런 점에서 방언은 개인에게는 사유와 정서를 표현하며 삶을 영위하는 데 필요한 실질적 도구이며, 사회적으로는 그 사회의 여러 특성들이 녹아들어 있는 거대한 문화유산이다.
　삶이 대체로 그렇듯 내게 방언은 고의적 미필이다. 우연을 가장한 필연의 결과인지, 필연을 가장한 우연의 결과인지 모르지만, 나는 청춘을 방언과 함께 보냈으며 지금도 방언 속에서 살아가고 있다. 나에게 방언은 학문의 대상만이 아니라, 시간의 토대 위에 견고하게 다져온 우리의 전통과 문화를 만나는 통로였으며, 역동적 변화의 굴레 앞에서 새로운 가치를 수용하며 갈등하는 우리 사회의 이면을 목도하는 수단이었고, 한국 현대사 속에서 생사의 경계를 넘나들며 견디어온 개인사를 만나는 과정이기도 하였다.

이 책은 크게 4부로 구성되어 있다. 1부와 2부는 주로 일상생활 속에서 고른 방언 어휘에 대한 설명과 더불어 그 방언 어휘에 담긴 원형적 정서나 사회문화적 속성들에 초점을 두고 있다. 그리고 3부는 좀더 현장성이 강한 내용들, 즉 현지 주민들의 육성이나 민담, 민요 속에 담긴 방언을 다루고 있다. 마지막 4부는 주로 문학작품이나 고소설, 판소리 등에 담긴 방언 어휘를 다루었다.

사실상 이 책의 모든 글들은 방언을 소재로 한다는 점만 같을 뿐, 독립적인 성향을 띠고 있으며 부의 구성에도 통일성이 결여되어 있다. 그 까닭은 이 책이 지난 몇 년 동안 여러 잡지에 실었던 글들을 모아놓은 것이어서 처음부터 일관된 방식을 지향하지 않았기 때문이기도 하지만, 한편 방언이 우리가 인식한 것들에 대한 명명에서부터 일상을 영위해나가는 생활 현장, 그리고 판소리, 민요, 고대소설, 문학작품 등 정제된 문화적 형태에 이르기까지, 우리의 삶 전체에서 각각의 기능과 다양한 모습을 구현하기 때문이기도 하다. 말하자면 방언은 곧 삶 그 자체이며, 이 책은 방언 속에 담긴 우리의 삶을 다양한 방식으로 드러내고자 한 것이다.

삶의 도구이며 사회문화적 자원으로서 방언이 가진 특성을 가시화하려는 시도라는 점에서 이 책은 그야말로 빙산의 일각에 지나지 않는다. 다만 방언을 통해 우리가 살아가고 있는 삶의 토양을 새로이 인식하고, 그로 말미암아 지역사회의 문화적 사회적 속성들을 이해하며 그 문화적 성숙에 기여할 수 있기를 바랄 뿐이다.

바쁜 일상 속에서도 인간적 배려를 아끼지 않은 수많은 현지 제보자 여러분, 휴먼21의 이규철 사장, 『문화저널』, 그리고 『내일을여는작가』 편집부에 먼저 감사한다. 그러나 이 책은 안도현 시인이 아니었다면 세상에 나올 수 없었을 것이다. 안도현 시인이 내게 출간을 권유하고 출판사를 소개하기까지 조용하면서도 깊은 배려를 아끼지 않은 것은, 시인이 우리말에 대해 가지고 있는 애정의 깊이에서 비롯되었다고 생각한다. 또한 산만한 원고를 책으로 엮기까지 일체를 맡아준 문학동네 편집부와 사장님께도 깊은 감사를 드린다. 내가 살아오며 보여온 어설픈 몸짓에도 애정과 관심을 가지고 끝까지 나를 아끼고 믿어주시는 부모님, 선생님, 그리고 지인들께 이 책을 바친다.

그 가치와 무관하게 사라져야만 하는 약자의 역사 앞에서

김규남 씀

차례

책머리에 • 005

제1부 눈 오는 날 싸박싸박, 비 오는 날 장감장감

내 이름은 까막니, 이념 이름은 야문니 • 013 | 햇장은 쌈빡히도 날내나는 벱이여 • 018 | 한 개 새끼도 아롱다롱이라고 • 022 | 월락강상(月落江上)에 무(無)틈벙허니 • 025 | 눈 오는 날 싸박싸박, 비 오는 날 장감장감 • 029 | 깽끼발톱 짜개진 것까장은 타기드랑게 • 034 | 춘향의 가는 허리를 담쑥 안고 "나상을 벗어라잉—" • 038 | 찝어까 • 044 | 비개여, 베개여, 벼개여? • 049 | 아이고 이쁘네, 인자 피박 준비히야지 • 054 | 왜 차꼬 찔벅거렸싸 • 058 | 지랄허고 자빠졌네 • 062 | 양손에 행주 들고 방그작작 웃는 양은 아리금살 꾀꼴네라 • 066 | 아까막새 그 새가 고닥 새여? • 071 | 짬—짬허다 • 077 | 저것 솔찬히 아고똥허네 • 081 | 하이고, 이놈아 엔간히 좀 납떠 • 086 | 겨울밤의 군입종, 싱건지 한 사발과 무수한 조각 • 093

제2부 '여시코빼기' 콧잔등엔 아파트가 들어서고

꾀복쟁이 친구들 • 101 | '여시코빼기' 콧잔등엔 아파트가 들어서고 • 106 | 개바지, 털신 한 커리의 망우리 전사들 • 111 | 살아생전에 올기심니 몇번이나 헐지 몰르겄네 • 116 | 으멍헌 괴앵이 부뚜막으 모냐 올라간당게 • 122 | 게으른 농부 정초부터 서댄다고 • 126 | 아나, 니가 시에미 돈 따먹고 잘살겄다 • 130 | 단자 왔소잉 • 135 | 옴맘마, 멜짱허던 하늘에 먼 비다냐? • 140 | 그렇게 동네마독 쪼매썩 달부게 짓등만 • 144 | 옆으로 먹고 옆으로 나오는 것은? • 149 | 배는 짓도 안 허고 깡다리보톰 장만허냐 • 154

제3부 이 고약헌 놈의 시상,
징그라, 아주 징그랍당게

어매가 똥 뀌면 내 배가 아프당가 • 161 | 너는 당최 거시기가 없는 사람이다 • 166 | 에비야, 만치지 말어 • 170 | 파리허고 포리가 어트게 달분지도 몰르는 것이 • 174 | 이 고약헌 놈의 시상, 징그라, 아주 징그랍당게 • 178 | 그때 갈리고, 지금은 뭣을 허는가 몰르겄고만 • 186 | 젤로 나중 안 보톰 표결에 부치겄습다 • 190 | 연애 한번 허고 잪은 생각이 멕힌당게 • 194 | 왜 퇴끼가 자발맞은 인생이 되았냐 허먼 • 198 | 참새가 크다고 알 낳는 것이간디 • 203 | 설마 나 때리기사 헐라디야 내가 그리도 어산다 • 207 | 파요파요 보고 잪어요 임의 화용을 보고 잪어요 • 212 | 써내기 타고 컨산내리지기로 갯것 간다고 • 217 | 쌩끔에는 큰어리장불허고 쌩끼밋장불이 있는디 • 222

제4부 가슴마독 저마다의
꽃심이 있으니

나 원 재수 읎으면 송사리헌티 좆 물린다더니 • 229 | 머덜라고 보냈냐, 이년아! • 232 | 만석이 숭불통 앓는 소리 237 | 똥 누는 놈 주잖히고 노는 애기 집어까고 • 242 | 어따매! 그놈의 어른 염치없는 소리 허고 있네 • 246 | 숫나구, 암나구 보고 이리 뛰고 저리 뛰고 허는 것인개빈디요? • 250 | 데숙이에 서캐 실은 예편네라두 하나 있으면 • 258 | 고까짓 것 엎어지면 코 달 년의 디 • 263 | 서방이 안 돌아부아주닝게 오두가 나서 그러지 • 268 | 때까치맹이로 땍땍, 무시 뽑디끼 쑥쑥 • 273 | 가슴마독 저마다의 꽃심이 있으니 • 279

제 1 부

눈 오는 날 싸박싸박,
비 오는 날 장감장감

무슨 일을 하더라도 세상이 아무리 어수선해도 서둘지 않는 모습,

그래서 눈 오는 날이면 '싸박싸박' 걸을 줄 알고, 비 오는 날에는 '장감장감' 걸을 줄 알며,

무슨 일을 해도 '서나서나' 할 줄 아는 여유는 우리 동네 사람들의 미덕이 아닐 수 없다.

내 이름은 까막니, 이녁 이름은 야문니

이름에 대한 여러 사전의 정의를 아우르자면 이름은 기본적으로는 다른 사람 혹은 사물, 단체와 구별하기 위해 일컫는 말이다. 철수와 영희가 그렇고 연필과 지우개, ○○산악회, ○○동우회 등이 또한 그러하다. 그러나 이름은 다른 어휘와 달리 그 이름으로 펼쳐지는 삶의 과정에서 조우하는 크고 작은 곡절에 얽히고설키면서 특별한 정서를 낳는다.

케빈 코스트너가 주연한 〈늑대와 춤을〉에서 인디언 여주인공의 이름은 '주먹 쥐고 일어서'였다. '주먹 쥐고 일어서'는 그녀가 이름을 갖기 전에 보인 일정한 행동양식이 바탕이 되어 명명된 것이다. 그런 이름이 지어지는 과정을 상상해보라. 바느질을 하거나 실을 자으면서 평화로운 일상을 보내는 인디언 아낙네들과 그 주변을 맴돌며 기고 뒹구는 아이들, 그리고 반복되어 나타나는 한 아이의 행동양식과 그에 머무는 시선과 미소가 정답게 떠오른다. 물론 이 영화에서는 인디언 공동체 속에서 이방인으로서 성장하며 겪는 멸시를 극복한 사건으로 말미암아 명명된 이름이긴 하지만, 어떻든 그 상징적 행동 때문에 그녀의 이름은 그렇게 정해진 것이다.

또한 그렇게 명명된 순간부터 '주먹 쥐고 일어서'는 가족 혹은 정인과의 애증 그리고 그가 처한 시대적, 사회적 배경 속에서 누군가에게 아주 소중하거나 안타까운 존재가 되어 그녀가 살아 있는 동안, 그리고 죽은 후에도 누군가의 기억 속에 남게 된다. 우리는 여기서 이름이 가진 시간의 깊이와, 그 이름으로 불리던 사람과 관련된 기억과 정서들을 되살려내는 그 부호만의 특별한 기능을 경험하게 된다. 곽재우 시인이 사평역에서 마지막 기차를 기다리며 톱밥난로 앞에 앉아 호명했을 그리운 이름들이 바로 그 예이다.

학기가 시작되는 첫 수업에서 이름이 가진 시대적, 사회문화적 특성을 확인하곤 한다. 마치 '영자'라는 이름 속에 70년대 궁핍한 시골생활과 그 지긋지긋한 가난으로 말미암아 고향에서마저 비극적으로 이탈될 수밖에 없었고, 그후 여느 '영자'들이 그랬던 것처럼 공장 여공, 미장원 시다로 살아가야 했을 시대적 비극과 궁핍이 묻어나는 것처럼, 그리고 '후남, 말자, 끝순, 그만' 등에서 가족 스트레스와 아우성이 담긴 굴절된 신념의 폭력과 희생이 부호화되는 것처럼, 대부분의 이름들에서 여러 정보들이 흘러나온다.

여기서는 방언조사를 하는 동안 다소 특별하게 만난 이름 몇 가지를 소개하고자 한다. '야문니, 쌀니, 까막니', 이 이름들은 1910년 무렵 육지에

나가는 것 자체가 어려운 일이었던 시절, 서해 한가운데 부표처럼 떠 있는 고군산군도의 조그만 섬에서 붙여진 것이다. '야문니'는 '야물다'의 어간에 관형형 어미 '-ㄴ'과 '녀'나 '례'가 붙어 이루어진 이름이다. '야문니'라는 구형식의 이름은 그 무렵 내륙에서도 마찬가지였다. 예를 들어 진안 마이산 골짜기에서 만난 강소아지(姜小兒之) 할머니는 어렸을 때 '작은 애'로 불렸던 것과 비슷하다. 그렇게 보면 「감자」의 여주인공 '복녀'의 이름은 그나마 그 당시로는 상당히 세련된 이름이었을 것 같기도 하다.

'야문니' 할머니는 어려서부터 어지간히 '야문' 짓을 많이 해서 그렇다 치더라도 '까막니'와 '쌀니'는 좀체 그 뜻을 짐작하기 쉽지 않다. 얼굴이 쌀처럼 희다고 해서 그런 것인지 쌀밥 구경이 소원이어서 그런 것인지, 까막까막 잘 잊는다고 해서 그런 것인지 얼굴이 거멓다고 그런 것인지, 분간하기 어렵다. 어떻든 '야문니'라는 이름은 그가 보인 행동양식을 토대로 해서 명명된 것이라는 점에서 인디언 아이들의 이름짓기 방식과 닮아 있다.

최명희의 소설 『혼불』을 읽기 전에 나는 전북 남원시 사매면의 방언과 지명을 조사한 적이 있었다. 그 마을은 조선시대 남원의 스물네 개 고을 가운데 하나인 둔덕방으로 불렸고 전형적인 조선시대 반촌의 위세와 권위를 가지고 있었으며 지금도 그러한 의식이 생생한 마을 가운데 하나였다. 내가 그 마을에서 강한 인상을 받은 이름은 체리암(涕離岩)이었다. 체리암은 둔덕방의 중심 마을인 동촌에서 약 이 킬로미터쯤 떨어진 곳에 있는 바위이다. 지금이나 예전이나 체리암 부근의 산자락은 둔덕방의 세 마을, 방축, 동촌, 새터를 감싸고 있으면서 마을과 마을 밖의 경계지점이다. 체리암이라는 말은 글자 그대로 떠나는 사람을 보내며 눈물로 작별을 하는 지점이라는 뜻이다. 작가의 육성을 들어보자.

    체리암은, 동구 밖에서 한참 오 리 바깥으로 나간 길목에, 큰 내(川)를 낀 갈림길 어귀를 지키고 있는 커다란 바위다. 매안 이씨 문중에 손님이 왔을 때, 헤어지기 몹시 서운하여 떠나는 길의 발걸음 동무를 하면서 따라 걷다가, 차마 떨치기 어려운 소맷자락을 아쉽게 서로 놓고
    "자, 이제는 여기서 헤어지자"
하고 명표(銘標)을 해놓은 이 바위의 글씨는 매안 이문(李門) 몇 대 조 할아버님께서 몸소 쓰시어 음각한 것이라 하였는데 (……)

체리암은 출세와 명망에 사로잡혀 있던 시대의 이면에, 사람에 대한 애틋한 태도와 진실함이 배어 있어 참으로 아름다운 이름이다.
    시대의 변화는 가치의 변화를 낳는 것인가.『혼불』에 등장하는 인물 가운데 여성들의 경우는 이름으로 계급이 정해져 있다. '청암부인'을 필두로 '율촌댁, 오류골댁, 이울댁, 동녘골댁, 솔안이댁, 연동댁' 등의 택호는 친정의 사회적 위상을 후광으로 삼아 시댁생활의 바탕을 형성하고 있다. 그 밑으로 '서저울네, 점봉네, 바우네, 안서방네, 공배네, 평순네'가 '당골네'와 마찬가지의 등급으로 지정된다. 그럴 만한 사회적

위계를 갖지 못한 출신들은 자녀나 남편의 이름에 종속되어 명명된 셈이다. 물론 지금은 '택호'를 사용하는 것이 촌스럽다거나 사회적 위계가 낮다거나 경제적으로 궁핍한 것으로 여겨지지만, 반상의 계급이 엄존하던 시기의 택호는 반가의 규수들에게 붙여져 그들의 태생적 후광을 상징해왔음을 부인할 수 없는 일이다.

소설의 등장인물 이름짓기(命名法, appellation)도 아주 재미있다. 이문열의 소설 『우리들의 일그러진 영웅』의 '엄석대'와 '한병태'가 내게는 인상적이었다. 이름을 부를 때 느껴지는 소리의 인상과 그들의 성격이 절묘하게 어울린다. '엄석대' 속에는 '엄숙하다, 엄청나다'의 첫 소리와 돌처럼 단단하고 허우대가 우악스런 인상이 이름 속에서도 엄연한 반면, '한병태' 속에는 바람 빠지는 소리 'ㅎ'과 어리벙벙한 '병', 명태와 동태의 '태'가 한국인이 가진 소리 인상과 적절하게 어울려 있어서 소설을 읽는 내내 잘 지은 이름이라는 생각이 들었다.

비트겐슈타인은 그의 초기 언어철학에서 언어로 명명할 수 있어야만 존재하는 세계라고 한 적이 있다. 미국의 사회언어학자 에드워드 사피어는 언어 속에 그들의 문화가 반영되어 있다고 했다. 우리는 이름 속에 사회적, 문화적, 정서적 특성들이 반영되어 있음을 상식적으로 알고 있다. 돌아보면, 온 도시의 동네 이름이 유명 건축회사 이름과 세워진 순서에 따라 붙여진 번호로 채워지는 세상에서, 두루 부르고 공유해야 할 이름들에 시인과 소설가의 상상력과 정서가 필요한 것은 아닐지. 어떻든 내 삶의 일부에도 '체리암' 같은 이름과 공간을 하나쯤 마련해두고 싶다.

햇장은 쌈빡히도 날내나는 벱이여

밀어(密語)는 글자 그대로 깊고 그윽한 말이란 뜻이다. 그래서 이 단어는 부처님의 가르침을 뜻하기도 한다. 좀더 실감나게 말하자면 일생을 성찰과 수행으로 일관하며 얻은 깊은 깨달음에 도달한 큰스님이 이승을 떠나는 순간에, 그 깨달음을 짤막한 한두 마디에 담아 전하는 결정적인 말이 곧 밀어다.

큰스님의 경지에 비교할 수는 없으나 보통 사람도 살아가다보면 그 나름의 깨달음을 얻게 된다. 그것이 어느 정도의 보편성을 띠는지는 둘째로 하고, 우선 그 깨달음은 적어도 당사자에게는 판단의 준거요, 행동의 지침으로 작용하게 된다는 점에서 중요하며, 만약 그것이 그 사회에서 통용될 수 있는 정도의 일반성을 지닌다면 돌멩이 하나가 만들어낸 파장이 동심원을 그리며 퍼져나가는 것과 동일한 방식으로 일정한 공동체 속으로 확산되어간다는 점에서 또한 중요하다.

우리가 방언이라는 테두리 속에서 나눌 소박한 밀어는 바로 방언으로 표현되는 속담들이다. 이것은 인간세계와 우주의 질서를 꿰뚫는 깊은 깨달음과 결코 비교할 수는 없지만, 그 깨달음을 얻게 되는 환경이 곧 그들이 살아온 삶의 구체적인 순간들에 바탕을 두고 있으며 그 표현 또한 그로부터 비롯된다는 점에서 흥미롭다. 말하자면 속담은 일정한 공동체를 토대로 하는 문화의 반사체이다.

'햇장은 쌈빡히도 날내나는 벱이다' 역시 잠들어 있는 수면을 깨우는 첨벙 소리 가운데 하나이다. 우선 이 표현은 사용된 어휘의 소박함에서부터 정답다. '햇장'은 그해 처음 담근 장이다. 우리말에서 '그해에 처음 난 것'의 의미를 가진 접두사 '해-'와 명사가 결합하여 만들어진 파생어는 아래와 같이 세 가지 표기방식으로 나뉜다.

① 해콩, 해팥
② 햇감자, 햇강아지, 햇것, 햇고구마, 햇곡식, 햇김치, 햇나물, 햇누룩, 햇보리, 햇솜
③ 햅쌀

①은 명사의 첫소리가 본래 거센소리여서 사이시옷을 쓰지 않은 예이고, ②는 명사의 첫소리가 된소리로 발음되거나 'ㄴ' 소리가 덧나는 경우여서 사이시옷을 쓰는 예이며, ③은 '쌀'의 중세국어형 '뿔'이 '해-'와 결합하여 이루어졌음을 보여주는 예이다. 그러니까 우리의 '햇

장'은 ②의 유형에 해당하는 것으로 사전에는 등재되어 있지 않지만 얼마든지 단어로 표현될 수 있는 잠재적 단어이다.

'쌈빡하다'는 '삼박하다(작고 연한 물건이 가볍게 한번 베어지다)'의 센말이다. 이 말은 흔히 전라도 방언으로 여겨지지만 사전에 표준어로 등재되어 있어서, 인식으로는 방언이면서 규정으로는 표준어에 해당하는 헷갈리는 단어 가운데 하나이다. 어떻든 이 말은 사전적 풀이대로 무나 당근 같은 것을 예리한 칼로 싹둑 자를 때 느껴지는 경쾌하고 깔끔한 느낌을 표현할 때 사용된다.

'날내'는 '익히지 않은'이라는 뜻을 가진 접두사 '날-'과 '냄새'를 뜻하는 명사 '내'가 합해서 이루어진 파생어이다. 그래서 이 속담에서 날내는 비릿하고 풋내 나는 것을 아우르는 셈이다. '날내' 역시 표준어로 등재되어 있다. 그러면 예전에 지푸라기나 겨로 불을 땔 때 나던 냄새 '냇내'는 방언인가 표준어인가? 이쯤 되면 방언과 표준어를 가리는 것 자체가 피곤한 일이 아닐 수 없다.

어떻든 방언과 표준어의 경계를 넘나드는 것으로 보이는 어휘들이 조합되어 만들어진 말, '햇장은 쌈빡히도 날내나는 뱁이여'에 다시 집중해보자. 이 말이 사용될 정황을 짐작하기는 어렵지 않다. 이 말은 변화를 좋아하고 새것을 좋아하는 시대의 얄팍함을 의식 위로 건져내고, 또한 그 쌈박한 이면에 숨어 있는 날내의 비릿함을 상기시키고 있다는 점에서 예리하다. 쌈빡한 것과 날내가 좋아서 햇것을 찾는다면 또 할 말이 없지만, 새것에는 분명히 비릿하고 덜 익은 날내가 스며 있다.

그것이 음식이라면 모를까, 인간세상으로 올라오면 날내나는 것들은 날내나는 것들끼리 어울려야 제격이고 그 날내의 비릿함을 탐하는 것은 탐욕에 지나지 않는다. 바로 그 탐욕스러움을 묵은장과 햇장의 장맛으로 비유해낸 이 표현 속에는 장맛처럼 우러난 인간관계의 그윽한 가치가 간파되어 있다. 인간관계에 있어서 '장맛' '진국' 과 같은 말들은 날내와 대조되는 표현들이고, 그 또한 음식문화가 유별나게 발달한 이 고장 사람들의 생활을 배경으로 그 깊은 맛을 즐길 수 있으리라.

한편 '짐치도 오래 두면 군둥내 난다'는 말도 있음을 놓쳐서는 안 될 듯싶다. '군둥내'는 '구린내'와 닮아서 맛으로 치면 지나치게 오래 방치한 결과로 생기는 맛에 해당한다. 그러니 이 또한 결코 유쾌한 냄새가 아니다. '날내'와 '군둥내' 사이를 유지하는 것, 그 적당한 자신의 냄새를 간직하는 것 역시 인간관계를 비릿하지도 구린내나지도 않도록 유지하기 위해 반드시 필요한 자신의 미적 자원임을 잊지 마시라.

한 개 새끼도 아롱다롱이라고

'개'는 어떤 말에 사용되든 볼썽사나운 존재로 등장하는 게 보통이다. 기실 개를 소재로 한 욕설은 비일비재하며, 어떤 상황이나 일이 추스를 수 없을 만큼 흐트러져 있을 때도 개를 운운하기 일쑤이다. 그나마 화투놀이를 위한 신종 개그 '똥개도 홈그라운드에서는 오 점 먹고 들어간다' 정도가 개를 대우한 말이라 하겠지만, 여기서도 그 '액상한(가여운)' 우리의 똥개는 여전히 비하의 대상에서 벗어나지 못한다.

그 까닭은 아마도 윤리 특히 성적 도덕성을 중요하게 여기던 우리 사회에서, 아리따운 아낙이 장옷으로 얼굴을 가리고 조신한 사위로 지나가든 말든, 아비와 딸이 모처럼의 봄나들이를 하든 말든, 녀석들은 몸이 시키는 대로 아무 거리낌 없이 아무 데서나 발칙하게 흘레붙곤 하던 데서 비롯되는 듯싶다. 낯부끄러워 고개를 돌리든 발길질로 녀석들을 떼어놓든 해야 할 상황이 마을마다 비일비재했을 일이니, 절제의 미학을 생명으로 여기던 사회에서 녀석들의 이러한 행위는 극단적으로 천박하고 몰염치한 짓으로 낙인찍혔을 것이며, 그로 말미암아 개 같은 놈들로서의 확고부동한 지위는 언어적 질서 속에 주홍글씨로 남게 된 셈이다.

이러한 방식으로 개에 대한 보편적 정서가 바탕에 깔린 상황 속에서 '한 개 새끼도 아롱다롱' 이라는 표현은 매우 신선한 속담이다. 띄어 읽기에 신경써서 말해야 할 이 말은, 김제 용지에서 태어나 백산에서 일생을 사시며 아들딸 잘 길러 작은 체구로도 '아금박지게(야무지게)' 살아오신 황아무개 할머니께서 자식이 여럿이어도 모두 제각각의 성정과 소질로 살아간다는 말씀을 하시기 위해 던지신 표현이다.

'마룽' 밑에 강아지 여럿 낳는 것을 일상에서 보아온 사람이라면 이 말로부터 다가오는 지시적 의미의 정확성과 그 정황의 향토적 정감 때문에 깜짝 반가울 일이다. 게다가 어휘의 탁월한 선택과 배열, 그로 말미암은 말의 호흡을 고려해본다면, 이는 가히 시적 감각에 비겨도 서운치 않을 완벽한 언어 구사라 할 만하다. '한' 과 '개' 는 각각 조금 긴 소리로 말해야 하기 때문에 뒷말의 첩어 '아롱다롱' 과 호흡의 짝을 이루며, '새끼도' 와 '이라고' 는 세 음절씩 짝을 맞춰 운율을 살려 말해보면 그 호흡의 절묘함에 감탄하지 않을 수 없다. '아롱다롱' 이란 어휘 역시, 개를 소재로 할 때 자칫 빠질 수 있는 이미지의 늪을 건너뛰어 허리 굽히고 마룽 밑을 들여다보게 함으로써, 감때사나운 어미개 밑에서 숨쉬기조차 힘겨워하는 그 여리디 여린 것들의 등판에 새겨진 아롱다롱 무늬에 상상의 시선을 오래 머물게 한다. 바로 그 상황에서 '내 강아지'가 나왔음 직하다. 애정의 깊이를 측량할 수 없게 온몸과 마음으로 날마다 새록새록 샘솟는 사랑을 담아주시던 할머니들은 으레 그렇게 '내 새끼 내 강아지'를 불렀을 것이다.

　아무렇든 개는, 우리가 땅과 멀어지던 그 어느 순간부터 우리의 생활에서 뒷전으로 밀렸고, 지금은 순직 후 온몸으로 보시하거나, 애완용으로 봉사함으로써 자연적 존재로서의 삶의 가치를 그로 이양했다. 그와 함께 우리 사회에서 개와 관련된 말들 또한 이전 시기에 생성된 의미 이상으로 새로운 단어 형성에 참여하거나 속담 형성의 소재가 되지 못하고 있다. 공유된 체험이 말의 생성과 성장을 위한 결정적 토대라는 점을 생각해본다면, 이 감칠맛 나는 말도 사라질 운명에 처한 것은 아닐는지. 게다가 이 말을 '한 어미에서 나온 강아지들도 다 다른 것처럼'으로 혹은 'There are even differences among the young of a mother dog'로 바꿔 말해도 뜻이야 통하겠지만, 그 정감이야 어디 비교나 할 수 있겠는가.

월락강상(月落江上)에 무(無)툼벙허니

 "월락강상에 무툼벙허니, 물에 달이 떨어진 게 뭐 툼벙 소리가 있을 것인가. 자, 말은 되았지? 그러면 인자 짝을 지어보드라고, 내 사흘 말미를 줄 테닝게, 험."

 '월락강상(月落江上)'까지는 분명한 문자 속인데 느닷없는 '툼벙' 소리 때문에 점잖은 한시가 같잖게 돼버렸다. 그럴망정 '달 떨어진 강 위에 툼벙 소리 없으니'는 매우 뛰어난 시제임에 틀림없다. 빈 낚시 드리우고 세월을 낚던 태공이나 달빛 가득 실은 조각배 띄워 숨마다 말꽃 피우던 태백이 장난 삼아 던져놓은 시제 같다.
 이런 이야기를 주고받을 만한 자리로는, 한때 친민(親民)과 명명덕(明明德)으로 치국평천하(治國平天下)를 꿈꾸다가 시절에 밀려 지는 노을처럼 스러져가는 노친네들의 곰방내 진동하는 시골 사랑방이 제격이다. 어떻든 이 농담 같은 시제의 짝을 짓지 못하면 술을 내야 할 판이니 상황에 따라서는 심각한 일이 될 수도 있다. 그리하여 누군가는 사흘 동안 잠도 못 자고 고민을 했을 판이다. 그러다가 마지막 날 앉은 채로 '쯔속쯔속(시나브로)' 잠이 들었는데, '이몽자몽(非夢似夢)' 하던 중에 어느 노인이 나타나 허연 수염을 날리며 '화락정상(花落庭上)에 무(無) 뚝뚝허니라' 하고 사라진다.

   月落江上 無툼벙 달 떨어진 강 위에 툼벙 소리 없으며
   花落庭上 無뚝뚝 꽃 떨어진 뜰 위에 뚝뚝 소리 없더라

  세월에 바래고 시절에 비낀, 바로 그 철 지난 노친네들에게서 얻은 단어 하나로 이제 농담 같은 수수께끼를 던져야 할 판이다. 비가 와서 땅에 물이 여기저기 고여 있어 어떤 사람이 물이 고이지 않은 부분만을 디디며 걷는 모습을 떠올려보시라. 그리고 그 사람이 걷고 있는 모습을 표현한 가장 적절한 단어를 찾으시라. 그러니까 다음 문장에 알맞은 부사를 쓰라는 문제를 만들어보자.

    영철은 비닐우산을 받쳐들고 물 고인 골목길을 ( ) 걷고 있었다.

  일단은 '조심조심' 걷는다고 해야 할 일이겠지만, 그때 조심은 마음을 쓰는 모양이지 걷는 상태를 나타내는 데는 실패한 반편짜리 표현이

다. 그래서 생각할 만한 표현들로 '성큼성큼' '폴짝폴짝' 등도 가능할 듯하다. 그런데 '성큼성큼'은 조심성이 없어 보이고, '폴짝폴짝'은 상황의 적절성에서 역시 방만해지거나 되레 어린아이의 몸짓으로 한정되어버린다. 그리고 보면 아마도 '겅중겅중'이 나을 듯도 한데 이 표현 또한 그 모양이 야물지 못하고 엉성하다.

그렇다면 고인 물을 밟지 않으려고 걸음을 조심스럽고 크게 해서 걷는 모양을 표현하는 단어로 가장 적합한 것이 무엇일까. '징검징검'이다. 징검다리를 건너듯 물과 물 사이를 조심스럽게 큰 걸음으로 디디는 모양으로 '징검징검'이라는 표현이 가장 적합하다. 그리고 왜가리, 백로, 황새처럼 다리가 길어 그 걷는 품새가 '징검거리는' 녀석들도 통칭 '징검새'라고 표현할 수 있다.

'징검다리'가 먼저인지, '징검징검'이 먼저인지, '징검새'가 먼저인지 모른다. 다만, '징검'은 이 모든 단어를 만들어내는 핵심적인 요소이고 그 안에 '보폭을 넓게 해서 조심스럽게 딛다'의 단어 이미지가 그림처럼 박혀 있다. 국어학에서 이런 요소를 어근(語根, root)이라고 하고 이것을 같은 계열의 단어를 형성하는 가장 기본적이고 중심적인 성분으로 여긴다. 그리고 적어도 한국인에게 '징검'에 대한 단어 이미지는 그 동작성이 매우 선명해서 새로운 단어를 만들어낼 만큼의 잠재적 생명력을 가지고 있다. 따라서 '징검징검'은 바로 '월락강상에 무툼벙'에 대해 '화락정상에 무뚝뚝'으로 제 짝을 찾아준 그 노인의 지혜처럼 물 고인 골목길을, 가을비가 추적거리는 어느 보도 위를, 혹은 눈 녹은 인도 위를 걷는 모습 등을 표현하는 데 적절하게 쓰여 그 생명력을 마음껏 발산해도 좋을 단어이다.

눈 오는 날 싸박싸박, 비 오는 날 장감장감

한국어는 흔히 정서적 표현이 발달한 언어라고 한다. 색깔 형용사의 분화는 그러한 주장의 근거가 될 만하다. 색깔 형용사는 인지한 색감을 어휘로 표현한 결과이니까, 말을 바꿔서 하자면 어휘의 분화가 얼마나 다양한가는 곧 색깔의 차이를 얼마나 섬세하게 인식할 수 있는가의 정도를 나타내는 것이라고 할 수 있다.

통상적으로 동양인들이 인식한 기본색은 다섯 가지다. 그래서 무지개를 표현할 때도 오색 무지개라고 한다. 이와 비슷하게 한국어에서도 색깔 형용사의 기본 어휘는 단순하다. 즉 '희다, 검다, 붉다, 푸르다' 형과 '하얗다, 가맣다, 노랗다, 빨갛다, 파랗다' 형이 그것인데 다섯 가지로 색을 구분한 것은 뒤에 있는 계열의 어휘들이다. 이 단어들은 먼저 모음을 바꾸는 방식으로 색깔의 짙고 옅음을 구분한다. 그래서 '허옇다, 거멓다, 누렇다, 뻘겋다, 퍼렇다'가 생기고, 그중에서 '가맣다'와

'거멓다'는 다시 자음의 예사소리와 된소리 교체로 그 짙고 옅음을 구분한다. 그래서 '가맣다/까맣다/거멓다/꺼멓다'의 구분이 가능하다. 거기다가 접두사를 붙이는 방식으로 또 색깔의 분화를 인식한다. '새까맣다, 시커멓다'가 그 예이다. 또 어휘에 따라 각각의 접미사를 붙여 그 정도를 구분한다. '가무잡잡, 거무튀튀, 거무스름, 거무칙칙' 등이 그것이며 경우에 따라서는 접두사와 접미사가 동시에 붙어서 '시푸르딩딩' 등의 표현도 가능하다. 그렇게 따져놓고 보면 한국인이 색깔의 차이를 구분하는 방식이 얼마나 섬세한가에 놀라지 않을 수 없다.

이 글에서는, 방식은 다소 다르지만 마찬가지로 섬세한 차이를 표현하는 재미난 방언 부사 어휘 몇을 소개하고자 한다. 우선 '서나서나'와 '싸박싸박'이다. 전라북도의 말과 가장 인접해 있는 전라남도 방언사전에 '싸목싸목'이란 항목이 있는데 사전의 뜻풀이로 '천천히'라고 되어 있다. 아마도 서나서나 혹은 싸박싸박도 거칠게 말하자면 싸목싸목 즉 전라북도 말로는 '싸드락싸드락'이나 별반 다를 게 없이 '천천히'라는 말로 이해될 수 있다. 그러나 서나서나와 싸박싸박은 구체적인 행위에 있어서 그 쓰임새가 달라진다.

①오늘은 눈이 참 이쁘게 온 게 눈 구경도 험서 (   ) 걸어서 가자.
②뭣이 고로코롬 바쁘다냐? 숨도 좀 돌리감서 조깨 (   ) 허먼 누가 잡어간댜?

①, ②의 빈칸에 어울리는 말은 각각 '싸박싸박'과 '서나서나'다. 물론 경우에 따라 "서나서나 걸어감서 이얘기나 좀 허자"라거나 "서둘지 말고 싸박싸박 혀"라고 표현해도 크게 흠이 될 일은 아니나, '싸박싸박'은 걷는 행위와 더 잘 어울리고, '서나서나'는 일을 하거나 어떤 일을 생각할 때 시간의 여유를 두고 서둘지 않고 하는 모습을 나타낼 때 사용되는 게 보통이다. 그래서 아래와 같은 예문에서 싸박싸박이나 서나서나는 다소 어색하거나 쓰일 수 없다. 아래 문장에서 (×)는 쓰일 수 없는 자리이고 (?)는 어색함을 나타낸다.

① 일등으로 뛰어들어와갖고 관중들한티 싸박싸박/서나서나(×) 손을 흔들드랑게.
② 아 얼매나 조심스러웠어? 그렁게 저렇고 싸박싸박/서나서나(?) 밥을 먹지.

손을 천천히 흔들거나 밥을 천천히 먹을 때 '싸박싸박'이나 '서나서나'로 그 모습을 표현하기는 어렵다. 이 말은 이 두 어휘가 '천천히'와 일대일로 대응하는 것이 아님을 나타내며 수식하는 동사가 가지는 행위에 제약을 받는다는 것 또한 나타낸다.

한편 "서둘지 말어. 조심히서 운전허고 싸박싸박/서나서나 가"에서는 '싸박싸박'과 '서나서나'가 다 쓰일 수 있다. 이것은 운전하면서 가는 경우에 '가다'에 초점을 맞추어, '서둘지 않고 여유 있게'를 의미하는 것으로서 싸박싸박과 서나서나가 모두 사용될 수 있는 예이다. 이 문장에서 두 어휘의 의미는 '어떤 행위를 할 때 여유를 가지고 서둘지 않는 모양'을 나타내며 그런 점에서 '싸목싸목, 싸드락싸드락, 천천히'와 닮아 있다.

이 두 어휘에 담긴 정서는 여유다. 전라도는 드넓은 호남평야를 갖추고 있어서 농자천하지대본의 시대에는 그야말로 삶이 풍요로운 지역 중 하나였다. 물론 우리에게도 보릿고개가 있었고 굶주림을 벗어나는 게 삶의 목적인 시대가 없었던 것은 아니나, 판소리를 비롯하여 그림과 글씨, 그리고 시, 소설이 즐비한 문화적 토양을 가진 사람들답게 늘 생활의 여유를 가지려 노력해왔고, 전라도 사람들의 그러한 정서를 반영한 어휘가 바로 '서나서나, 싸박싸박' 등의 부사라고 할 수 있다.

무슨 일을 하더라도 세상이 아무리 어수선해도 서둘지 않는 모습, 그래서 눈 오는 날이면 '싸박싸박' 걸을 줄 알고, 비 오는 날에는 '장감장감' 걸을 줄 알며, 무슨 일을 해도 '서나서나' 할 줄 아는 여유는 우리 동네 사람들의 미덕이 아닐 수 없다.

여기서 '장감장감'은 징검다리를 건너듯 걷는 '징검징검'보다 다소 작고 조심스러운 발걸음을 나타내는 부사어다. 이 표현 또한 징검징검과 더불어 매우 실용적이고 예쁜 말이다. 조심스러우면서도 '아리작작한(아리따운)' 걸음걸이, 그것이 '장감장감'이다. 그래서 '싸박싸박'과 '장감장감'은 걷는 모습을 표현하는 방식이라는 점에서, 두 어휘 사이의 거리가 가까울 뿐만 아니라 한자리에서 함께 사용될 수 있다.

그렇지만 '장감장감' 과 '서나서나' 는 한 자리에서 함께 사용될 수 없다. 그것은 '장감장감' 에는 걷는 행위의 동작성이 선명하게 남아 있기 때문이다. 즉 '서나서나' 와 '싸박싸박' 그리고 '장감장감' 은 서둘지 않는 여유를 나타낸다는 점에서 공통점이 있으나, 그 어휘가 사용되는 범위에 있어서는 '장감장감' 과 '싸박싸박' 은 걷는 행위의 동작성에서 비교 가능하며 '싸박싸박' 과 '서나서나' 는 행위의 종류에 따라 비교가 가능하다.

아무리 여유가 좋다지만 아무튼 너무 느슨해져서 시도 때도 없이 '비 맞은 장닭맹키로(처럼) 자올다(졸리다)고 자올자올(졸음을 못 견뎌 꾸벅꾸벅 조는 모양)히서는' 안 될 일이다.

깽끼발톱 짜개진 것까장은 타기드랑게

"어찌믄 그렇게 타겼냐― 빵틀에다 콕 찍은 것맹이로……"
"아이, 그렇게 허다모녀 발고락이 닮았다는 소설도 안 있능개비드라고."
"우리 아들놈은 필언허고(폐일언하고) 깽끼(새끼)발고락 발톱 짜개진 것까장은 타기드랑게."
"천하 없는 도독놈도 씨도독질은 못 헌다능 거 아닌가, 그렇게."

두말하면 입만 아프고 세말하자면 조상 탓할 성싶어 조심스러운 게 '타기는' 것이다. 외모는 말할 것도 없고 나이가 들어갈수록 자질구레한 습관까지 타긴 디가 하나둘 나타날 때마다 속일 수 없는 피의 흐름에 말문이 막히는 경우가 한두 번이 아니다. 그 엄정한 피의 흐름을 표현하는 전라도 어휘는 바로 '타기다(닮다)' 이다.

형용사 어간 '타기-'는 다양한 어미들과 결합하여 '타긴게, 타겨서, 타겼고' 등의 활용형을 만들 수 있다.

"너는 느 외할아버지를 타기갖고 그렇게 성품이 좋니라."
"그게 먼 소리여. 야는 즈 하나부지를 타겨서 그렇지."
"조심허쇼잉. 잘못허먼 저 잘난 아들 당신 타길 수도 있읗게잉."

혹간, 떠넘기기로 '당신 타겨서'라는 말 나오면 속 시끄러울 일 생기기 십상이니 웬만하면 칭찬할 만한 일로 '당신 타겨서'를 사용하는 편이 현명한데, 여기서 부모 가운데 어느 쪽을 닮았는가에 따라서 타기는 것도 사실 둘로 나뉘게 된다. 부계를 닮은 것은 '친(親)탁', 모계를 닮은 것은 '외(外)탁'이다. 여기에 전라도 방언형 '허다'가 붙어 만들어진 형용사가 '친탁허다, 외탁허다'이다. 우리는 보통, 친탁과 외탁 모두를 합해서 그냥 '타기다'를 쓰고 있지만 말인즉 그러하다.

그러니까 '타기다'는 본래 친탁, 외탁의 '탁'에 '허다'가 붙어서 이루어진 말로, 단어 형성 당시의 원형은 '탁허다'이다. 이것이 지금의 '타기다'로 변화해오기까지는 전라도식의 음운현상이 일정한 작용을 해왔다. 우선 표준어에서는 받침소리 'ㄱ, ㄷ, ㅂ'이 다음 음절의 첫소리 'ㅎ'을 만나면 'ㅋ, ㅌ, ㅍ'으로 발음되는 게 보통이지만, 전라도에서는 다음 음절의 첫소리 'ㅎ'이 제 소리를 잃고 그냥 'ㄱ, ㄷ, ㅂ' 소리만 이어지게 된다. 그래서 전라도에서 '탁혔다'를 '타겼다'로 발음하면 알아들을 수 없게 되며 반드시 '타졌다'로 발음해야만 한다. 여기에 '-허다'의 전라도식 활용형이 '혀다, 헤다, 히다' 등으로 나타나면서, '탁허다'는 전라도 안에서도 '타겨-, 타게-, 타졌어, 타겠어, 타깄어' 등의 다양한 이형태를 갖게 된다.

공부는 이 정도로 마치기로 하고, 이번에는 이 '타기다' 속에 담긴 지역사회의 암묵적인 규약과 그 강력한 통제력에 대해 살펴보자. '타기다'의 암묵적 규약이 가장 강력하게 작용하는 시점은 역시 사람이 새로 들어오는 순간이다. 우리 사회가 가부장적 혈통 중심이었기 때문에 며느리 얻을 때는 매우 신중했던 게 보통이고, 그때 그 어미의 됨됨이를 보는 게 한국적 상식인 것도 바로 '타기다'의 힘이 발휘되기 때문이다. 이러한 우리의 통념을 과학적으로 뒷받침하는 것 중 하나가 이른바 게놈 프로젝트다. 즉 게놈 속에는 유전자의 정보가 들어 있어 새로운 생명이 태어날 때는 부모의 유전적 정보가 적절하게 섞여 자식에게 전해진다는 것이 과학적으로 입증되었다. 그러니 이제 새로 맞을 사람을 가능한 한 좋은 혈통에서 구하고자 하는 마음들이 강해지면 강해졌지 약해지지는 않을 테고, 그로 말미암아 '타기다'에 대한 사회적 제약은 그만큼 강력해지게 되는 셈이다.

필자가 정읍 입암산 주변에서 학위논문을 쓰던 당시 몇 개월간 하숙 생활을 했던 집의 할아버지는 수십 년 동안 도를 닦은 분이셨다. 그분 말씀을 빌리자면, 부모는 자식의 뿌리이기 때문에 뿌리가 튼튼해야 가지가 무성한 법(根枯枝朽)이라고 한다. 타기는 것은 피로 받은 것뿐만 아니라 생활을 하는 동안 그저 보고 듣는 데서도 이루어지는 것이니 그 말씀은 이치에 닿는 게 분명하다. 그러나 더욱 중요한 것은, 지금은 자신이 가지라고 해도 어느 순간에 다시 누군가의 뿌리가 된다는 점이다. 그러니 새로운 가지의 튼튼함과 부실함은 나로부터 비롯된다는 사실을 잊어서는 안 될 일이다. 게놈 프로젝트에서 밝혀졌듯 물려받은 유전적 혈통도 습관 들이기에 따라 새로운 형태로 변화 가능하다는 사실은 우리가 어떻게 살아야 하는가를 시사해주는 중요한 과학적 발견이다.

자칫 혈통주의 시각은 인간의 변화 가능성과 그 무한한 가능성에 대해 지레 결정지을 수 있으며 그로 말미암아 인간과 사회를 보는 시각을 편협하게 만든다는 점에서 사람관계를 몹시 답답하게 하지만, 한 다리 건너면 집안 내력을 속속들이 알 만큼 좁은 지역사회 안에서 '타기다'가 갖는 사회적 제약의 강력한 통제력은 지역문화의 중요한 특성 가운데 하나임에 분명하다.

춘향의 가는 허리를 담쑥 안고
"나상을 벗어라잉—"

"전 말입니다, 전라도 사람들 특히 공무원들, '그래요잉' 하는 소리 들으면 짜증나요. 가타부타 말을 분명히 해야 할 판에 도대체 어떻게 하겠다는 건지, 태도가 분명치 않아서 원."

이 말은 전라도 말에 대해 대화를 나누다가 뜻밖에 다른 지방 출신의 한 사업가한테서 들은 뜨끔한 이야기였다. 전라도 말에 유별난 애정을 가진 나로서는 이 말을 귀담아듣지 않을 수 없었다. 다른 지역 사람들은 전라도 말을 그다지 좋지 않게 생각하는 편으로 알려져 있는데다가, 이번에는 구체적으로 '-잉'을 걸고넘어진 당사자를 만났기 때문에, 이 말이 거슬린다면 그 까닭이 무엇일까를 생각하지 않을 수 없었다.

타관 출신의 이 사업가가 짜증이 난 것은 '그래요잉'이었다고 한다. 그 말을 처음 들었을 때는 '아, 일이 잘 풀리는가보구나' 하고 생각했는데, 지나고 보니 상대는 여전히 미온적인 태도를 보이더라는 것이다. 그렇게 당한 게(?) 한두 번이 아니라나. 그래서 그 이후부터 그는 전라도 사람들이 '그래요잉'을 쓰면, 또 이해만 하고 판단은 유보하는 식의 미온적 태도를 보일 것으로 예측하고, 이러한 태도로 일관하는 사람들한테서 답답함을 느꼈다고 한다.

나는 그분의 이야기를 듣고, 그것이 '그래요' 다음에 붙은 전형적인 전라도 말투 '-잉' 때문에 생긴 오해였다는 것을 금방 알 수 있었다. 그건 전라도식 말하기 전략 가운데 하나인데, 그분은 몰랐던 것이다. 더 이상 타관 사람과 전라도 사람 사이에 오해가 생기지 않게 하기 위해서, 이번 글에서는 '-잉'의 쓰임새를 살펴보고, 그 말투의 의미에 대해 생각해보고자 한다.

전라도 사람에게 '-잉'은 이미 몸에 배어 있어서 자기도 모르게 말끝마다 튀어나오는 말투 가운데 하나이다. 그래서 다른 지역 나들이를 가더라도, 그만 그 '-잉' 때문에 전라도 사람임이 드러나고 만다. 이처럼 '-잉'은 기능이야 어떻든, 전라도 사람이면 누구나 숨쉴 때마다 한 번씩 쓰는 말이라고 생각하면 크게 오해가 없다.

이제 '-잉'이 사용되는 실제 상황을 보면서, '-잉'의 다양한 쓰임새에 대해 생각해보기로 한다.

① 옛날에는잉, 굶기를 밥 먹듯 허든 시상이라.(최래옥, 『한국구비문학대계 5-1 : 전라북도 남원군 편』, 한국정신문화연구원)

② 율곡 선생님이 걷다 정자를 하나 지었어잉.(박순호, 『한국구비문학대계 5-4 : 전라북도 군산시, 옥구군 편』)
③ 들지름을 짜가지고 걷다 싹 발러요잉.(최래옥, 『한국구비문학대계 5-3 : 전라북도 부안군 편』)
④ 그때 최일정이 거기로 왔단 말여잉.(『한국구비문학대계 5-3 : 전라북도 부안군 편』)

①~④의 예들에서 사용된 '-잉'을 보면, 말을 한번 쉬는 사이에 혹은 끝맺음할 때 사용된다. 이때 '-잉'은 자신이 한 말을 상대방이 알아들었는지 확인하는 기능을 하고 있다. 그래서 '-잉'을 빼고 그 자리에 '알아들었지?'를 넣어보면 '-잉'을 사용한 이유가 분명해진다.

또한, 오랜만에 반가운 사람을 만났을 때야말로 '-잉'은 그 정다운 기능을 고스란히 발휘한다.

"하아따, 성님! 차암, 오래간만이요잉—"
"얼라? 야아, 이 사람, 잘 있었는가?"
"살다봉게 이렇게도 만나네요잉—"
"그려잉, 참 반갑내잉—"

이렇게 살가운 인사를 나눈 전라도 사람들이라면, 아무리 바빠도 대포 한잔 하리라는 것은 보지 않아도 분명한 일이다. 그러나 이 자리에

'-잉'이 빠진다면 이 두 사람은 '시간관계로다가' 그냥 헤어질 것 또한 분명하다. "살다봉게 이렇게도 만나네요잉" "참 반갑네잉"에서 '-잉'은 '성님도 그렇지라우?' '자네도 그렇지?' 정도로 바꾸면 자연스러워진다. 또한 '그려잉' '그래요잉' 하게 되면, '자네 말이 맞네' 혹은, '성님 말을 듣고 보니 꼭 그렇군요. 나도 그래요'의 뜻이 된다. 이때의 '-잉'은 공감을 나타내는 말이리라. '-잉'으로 묻고 '-잉'으로 화답하며 서로 공감대가 형성되어가고 있는 것이다. 정답지 않은가.

어디 그뿐인가. 우리 어머니, 아침 출근하는 자식들 보면 늘 하시는 말씀. "차 조심히라잉, 점심 굶지 말고잉, 일찍 들어오니라잉" 하시는 당부의 말씀 속에서도 '-잉'은 여지없이 어머니의 극진한 사랑을 살아 숨쉬게 한다. 말하는 사람이 불량할 때의 '-잉'은 협박의 의미마저도 넉넉하게 실어낸다. "너 까불면 재미없어잉" "조심히라잉" "존 말로 헐 때 잘 혀잉" 등에서 '-잉'은 무시무시한 자기 존재를 여실히 드러낸다.

이러한 예를 통해서 알 수 있듯이 '-잉'은, 상대방이 자신의 말을 알아들었는지 확인하는 기능을 하며, 당부하거나 채근하는 기능도 하는 데다가, 상대방의 말뜻을 충분히 알아들었으며 그 말에 공감한다는 느낌을 전해주기도 한다. 특히, 전라도 사람들은 상대방이 내 말에 공감해주기를 바라거나 분명히 공감할 것이라고 예상할 때 '-잉'을 사용한다. 즉 "그러지잉?" 하면 응당 "그려잉"이라고 대답할 것을 알고 있는 경우이다. 그러나 상대가 쉽게 동조하지 않을 경우에는 "그렇지? 어뗘, 내 말이 맞어, 틀려?" 하고 말해야 한다. 따져묻지 않아도 될 때 '-잉'

은 제 빛깔을 띠며 온전히 제 몫을 해내는 것이다.

따져묻는 것은 전라도 정서에 잘 맞지 않는 듯하다. 전라도 사회가 정적인 사회였기 때문임은 말할 필요도 없는 일이다. 그래서 표준어에서 이러한 기능을 할 만한 게 무엇인지 잘 떠오르지 않는다. 굳이 표준어로 '-잉'을 표현한다면, '응' 쯤으로 대응시킬 수 있을 것이다. '응'에 대한 사전적 설명에 따르면, '응'은 감탄사인데 ①하게 하거나 해라 할 자리에서 상대의 물음이나 부름에 대답하는 소리. 또는 대답을 독촉하거나 자기 말을 똑똑히 다질 때 재우치는 소리. ②무슨 일이나 남의 말이 자기 마음에 들지 아니할 때 불평을 나타내는 말이다. 표준어 '응'의 기능 가운데 전라도의 '-잉'과 같은 점은 대답을 독촉하거나 자기 말을 똑똑히 다지는 것, 즉 "빨리 좀 와라잉(빨리 와라, 응?)" "그만 좀 히라잉(그만 해라, 응?)" "너 그러다가 다친다잉(그러다 다친다, 응?)" 등과 유사하다. 그렇지만 전라도 말의 '-잉'은 독립해서 쓰이지 않고 말끝에 붙어 쓰이는 것이며, 불평을 드러내는 것이 아니라 오히려 공감을 쌓는 장치라는 데서 또 중요한 차이가 있다. 다시 말하자면, '-잉'을 표준어로 바꿀 수가 없다는 말이다.

말로 업을 삼는 사람들 이야기로는 일상적인 생활을 할 때 사용하는 말과 격식을 갖추어 사용하는 말은 서로 다르다고 한다. '-잉'은 일상의 말이다. 격식을 갖추어야 할 때나 분명한 태도가 필요할 때, 이 말투를 사용하는 것은 오히려 상대방을 불쾌하게 할 수도 있다. 그러나 '-잉'은 전라도 사람에게는 감정을 살갑게 드러내는 중요한 장치임에 틀림없다. 전라도 사람에게는 전라도 사람 특유의 말투가 있고, 그것의 장단점을 잘 알아 맛깔스럽게 사용하면 말맛이 나지 않겠는가.

남원 고을에서 자란 이도령이 전라도 말 '-잉'을 쓰며 수작하는 모습을 상상해본다. 춘향의 가는 허리를 담쑥 안고 "나상(羅裳)을 벗어라 잉—" 춘향이가 처음 일일 뿐만 아니라 부끄러워 고개를 숙여 몸을 틀 제……

찝어까

표준어 '꼬집다'에 대응함 직한 전라도 방언은 '찝어까다'이다. 그러나 '꼬집다'와 '찝어까다'는 그 쓰임에 있어 분명한 차이를 보인다. '꼬집다'의 사전적 의미는 다음과 같다.

① 손가락이나 손톱으로 살 껍질을 집어뜯듯이 당기거나 비틀다.
② 남의 속이 상하게 비틀어 말하다.
③ 분명히 집어서 드러내다.

예를 들어 "대통령의 기자회견을 꼬집어 말하는 야당의 태도" 혹은 "너는 어째서 늘 남의 약점을 꼬집어 말하는 거니?" 등에서 '꼬집어' 자리에 '찝어까'를 넣어 쓰기 곤란한 까닭은, 찝어까다가 꼬집다의 의미 가운데 ①의 것만을 갖기 때문이다.

그러나 필자에게는 꼬집다의 첫번째 의미 또한 결코 찝어까다와 일대일로 맞바뀔 수 없다. 내가 어려서 살던 동네는 집성촌에 가까운 동네였고, 동네 안에서 우리집은 큰집으로 통했다. 아이들은 마당에, 어른들은 사랑에 모여 지내기 일쑤였으며 동네의 크고 작은 일이 우리집에서 이루어졌다. 암스트롱이 달나라에 첫발을 내딛던 날, 온 동네 사람들이 마당에 멍석 대여섯 장을 깔고 모여앉아 네 발 달린 도시바 흑백 텔레비전을 바라보며 숨죽이던 일이나, 이동식 영사기가 동네에 들어와 별이 총총한 밤에 비 내리는 활동사진을 보던 일은 지금 기억으로도 아름다운 풍경이 아닐 수 없었다. 그래서 나는 '훈짐나는' 유년 시절을 보낼 수 있었으며, 그 어려운 춘궁기 한번 치르지 않고 귀둥이로 자랐다.

그런 나에게도 치명적이며 씻을 수 없는 오명을 남긴 사건이 있었다. 그러니까 아마도 그날 사건은 윗집 사는 점동이네 마당에서 벌어졌던 것 같다. 싸움의 동기는 잘 생각이 나지 않지만 어떻든 나와 점동이 사이에 싸움이 벌어졌고, 우리는 한바탕 뒤엉켜 엎치락뒤치락하고 있었다. 시간이 갈수록 점동이는 내게 밀렸으며 내가 거의 승리를 확인하려는 순간, 갑자기 점동이 녀석이 내 얼굴을 쥐어뜯는가 싶더니 어느 순간 내 볼을 '찝어깐' 채로 손톱 끝에 온 힘을 주고 비틀기 시작했다. 얼마를 그렇게 당하고 있었는지 모른다. 녀석의 손끝에서 벗어나려고 버둥거렸지만 그럴수록 점동이의 필사적인 발악은 세기를 더해갔고, 결국 나는 '으짓잖고 찌찌한(쩨쩨한)' 패배를 당하고 말았다.

'찝어까기'는 여자아이들에게 국한되는 동작이다. 그래서 사내아이들이 일정한 나이가 되어서까지 찝어까는 동작으로 분노를 표시하거나 싸움을 하는 것은 매우 부적절한 방식으로 받아들여졌다. 하지만 주먹다짐에서 밀려 패배를 직감한 점동이는 뒤엉킨 틈을 타서 금지된 공격, 기습적 찝어까기로 기울어져가던 전세를 역전시킬 수 있었고, 급기야 찝어까기 한 판으로 항복까지 받아내고야 말았던 것이다. 나는 며칠 동안 얼굴에 난 손톱 자국으로 불명예스러운 패배를 달고 다녀야만 했고, 그후로도 얼마 동안 '찝어까'라는 말만 들어도 그날의 악몽을 생각하며 몸서리를 치곤 하였다.

그러나 그 불명예스러운 패배를 그럴 수도 있는 일이라고 자위할 수 있는 유일한 이유는 바로 '찝어까다'라는 표현 그 자체에 있었다. 내가 만약 그날 밤 점동이에게 얼굴을 '꼬집혀서' 싸움에 졌다고 말한다면, 나는 그 오명에서 영영 벗어날 수 없을 것이다. 그날 점동이는 내 얼굴을 '꼬집은' 게 아니고 '찝어깐' 것이다. 즉 나에게 불명예스러운 패배를 안긴 찝어까기는 지금 생각해보아도 그렇게 만만하게 볼 성질의 것이 아니라는 말이다. 엄지와 검지 손톱으로 적당한 살점을 세게 꼬집은 다음 비틀어 떼어낼 기세로 당기고 있다가 정말로 제법 큰 덩어리가 떨어져나가게 된다면, 그 고통의 세기가 어느 정도일지 상상해보라.

'찝어까기' 속에는 바로 그 행위의 사나움이 들어 있다. '집다'는 '찝다'와 명백히 다른 행위이다. 손가락에 힘을 주지 않고 무엇을 잡아 드는 것은 찝다로 표현되지 못한다. 하지만 분명하게 겨누고 있던 무엇을 힘주어 잡아드는 것은 찝다로 표현될 수 있으며, 거기에 '까다'는 어떤 것의 껍질을 힘주어 벗겨내는 행위를 표현하고 있다. 따라서 이 두 가지 행동이 하나로 묶인 단어, 주로 여성들이 상대에게 고통을 주기 위해 살점을 잡아 비트는 특정한 행위를 나타내는 복합동사로 자리잡은 '찝어까다'는 탁월한 어휘 구사능력을 토대로 한, 이 지역 사람들의 예리한 조어력(造語力)을 보여주는 어휘인 셈이다.

방언이 재미있는 까닭은 방언 속에 지나온 삶의 자취가 생생하게 묻어 있기 때문이다. 단어의 의미를 연구하는 학자들은 흔히 단어 속에 여러 개의 이미지층이 있다고 한다. 이미지의 복판에는 사전적 의미가 있고, 그 둘레에 일정한 언어사회의 관습적 이미지가 있으며, 가장자리에는 그 어휘와 관련한 개인적 체험에서 비롯된 이미지가 둘러싸고 있다는 것이다. 그렇게 보면 '찝어까다'가 나에게 특별한 까닭도, 이 지역 언어사회의 관습적 이미지를 형성하는 과정에서 만들어진 표현적 장치의 적절성과 내가 경험한 개인적 체험이 절묘하게 어우러지면서 그 단어에 대한 이미지가 나에게 아주 분명하고 생생하게 남아 있기 때문이다.

'꼬집다'와 '찝어까다' 말고도 이 지역에서는 '꼬집까다'라는 표현이 함께 사용되어왔다. '꼬집까다'는 꼬집다의 '꼬집-'과 찝어까다의 '-까다'가 뒤섞여 만들어진 단어이다. 이렇게 만들어진 단어를 혼효어(混淆語)라고 부르는데, 내 정서에는 '찝어까다' '꼬집까다' '꼬집다'가 사나움의 순서대로 배열되어 있다. 그래서 꿈인지 생시인지 확인하고 싶을 때는 신체의 한 부위를 '꼬집어' 볼 일이며, 약간 미운 녀석은 '꼬집까' 주면 적당하겠고, 그래도 정신 못 차리는 녀석들은 어느 날 하루 날 잡아서 마음먹고 '접어까' 버릴 생각이다.

비개여, 베개여, 벼개여?

　내가 살아 있는 동안 계절이 수십 번 바뀌었음에도 불구하고, 나는 계절의 변화와 그 어김없는 질서에 숙연함마저 느끼게 되며 나이가 들수록 그 정도는 강해져만 간다. 계절이 오고가는 것은 이미 정해져 있는 일이라 그리 놀랄 것도 없지만, 습관처럼 입고 다니던 여름옷이 얇아지고 에어컨 바람이 차다고 느끼는 순간부터 이미 진행된 변화의 추진력에 놀라게 되는 것은, 내게 결코 가벼운 일이 아니다.
　구절초, 곰취, 개미취, 쑥부쟁이 등 유난히 깨끗하고 맑은 가을 꽃잎들을 들먹이지 않아도, 한국의 가을은 맑고 깨끗하다. 그러나 노란 단풍잎이 온 마당을 덮어 발 디딜 때마다 동화 속으로 걸어들어가는 것만 같은 여느 향교 마당에서도, 붉은 단풍잎이 하늘을 덮어 차갑게 다가올 죽음의 겨울 문턱에서조차도 그 찬란한 정열을 오히려 불사르고 싶은 내장산 굽잇길에서도, 가을은 서서히 겨울에게 시절을 양보하지 않으면 안 된다.

　이것이 변화의 순리이고, 그래서 우리는 한 인간이 나고 죽는 일에서부터 사사로운 만남과 헤어짐에 이르기까지 이 변화의 엄연함을 마음 한 귀퉁이에 걸어두고 살아가지 않을 수 없게 된다. 이와 비슷하게 말 또한 시절이 오고가는 이치대로 오고간다. 응당 가는 말은 지난 시절의 영화를 담았으나 철 지난 느낌 또한 담고 있으며, 오는 말은 승승장구할 새 시대의 찬란함을 예고하며 참신한 느낌을 준다. 다만 말이 변하는 이치는 꼭 한 가지 방식만 있는 것이 아니며, 또한 예고된 대로 움직이지 않는 데 문제가 있다.

　일반적인 경향만을 말하자면, 서구화 그리고 도시화가 진행되어오는 동안 우리 사회는 서울을 중심으로 발달하고 변모해왔음은 말할 것도 없고, 서울공화국은 다시 미국과 서구 열강 바라기를 하고 있는 것도 사실이다. 이런 마당에 우리는, 사투리보다는 서울말이 끗발로 치면 윗길이고 서울말보다 외국어가 또 한 끗발 위인 세상에 살고 있다. 말하자면 외국어에 능숙하면 우리말 좀 못해도 대우받고, 그보다는 한 길 아래겠지만 서울말 흉내 잘 내면 사투리 쓰는 것보다 한 길 위로 생각하는 게 보통이다. 그러니 마땅히 사투리는 서울말에 자리를 양보해야 하고, 서울말은 또 영어에 자리를 내놓아야 한다. 이 질서에 익숙한 사람들은 서울말을 바탕에 깔고 웬만한 것들은 영어로 장식을 해놓아야 어깨라도 펼 만하다고 생각하는 것이다.

　이렇게 보면 말의 변화는 자연의 질서와 달리 좋아 보이는 것, 쓰는 사람 자신에게 이롭다고 여겨지는 것을 향한다고 할 수 있으며, 그래서 다분히 인간적이라고 해야 옳다. 그도 그럴 것이 말은 사람이 하는 것이고, 그 사람들의 취향에 따라 변화하기 때문이다.

사설이 좀 길었지만 잠잘 때 머리에 베고 자는 것을 무엇이라고 하는가. 우리 지역에서 사용되고 있는 형태로는 '비개' '베개' 그리고 '벼개'가 있다. 이 세 가지 형태들도 나름대로의 질서를 갖는다.

- 베개 형   셋, 넷, 제사, 게, 메-, 베-, 세-, 데-
- 비개 형   싯, 넛, 지사, 기, 미-, 비-, 시-, 디-
- 벼개 형   없음

이 세 가지 가운데 베개 형이 표준어이다. 우리 지역에서는 한반도의 중부지역을 제외하고 거의 전 지역에서 공통적으로 나타나는 'ㅔ > ㅣ'의 변화가 적용된 형태인 비개 형이 노년층을 중심으로 활발하게 사용되고 있으며, 장년층 가운데서는 식자층과 젊은이들 사이에서 표준어를 사용하려는 경향으로 변화가 시도되고 있다. 이 시도 또한 일정한 어휘들, 예를 들어 '셋, 넷, 제사, 게' 등의 어휘에서는 그런 경향을 따르지만, '메-, 베-, 세-, 데-' 등에서는 여전히 비개 형을 나타내고 있다. 이런 움직임이 있는 동안 새로 등장한 형태가 벼개 형이다. 이것은 '비개'가 '베개'에서 온 것임에도 불구하고, '베개'로 회귀하지 못하고 엉뚱한 형태로 되돌아간 결과이다. 하지만 이 엉뚱한 변화의 원천은, 촌스럽다고 생각되는 '비개' 형과 같은 'ㅣ' 형들이 'ㅔ>ㅣ'에서 온 것이 아니라 'ㅕ>ㅔ>ㅣ'의 변화를 겪은 것에 있다.

- ㅕ 별로 멸치 며느리 별 면장 병원 벼개
- ㅔ 벨로 멜치 메누리 벨 멘장 벵원 베개
- ㅣ ·   ·   미느리 빌 민장 빙원 비개

즉 '미느리, 빌, 민장, 빙원'처럼 '수악하게(흉악하게)' 느껴지는 방언형들과 '비개'가 같은 변화과정을 겪은 것이라고 여기고 벼개 형을 만들게 된 셈이다. 'ㅣ' 형은 말로 들어도 이상하지만 눈으로 보는 것은 더욱 낯설고 이상하다. 그러니 이들은 적어도 식자층에게는 무식의 징표이며 마땅히 응징되어야 할 어휘들이었을 것이다.

그리고 바로 그런 응징 도중에 '비개'도 한 배를 타게 된 셈이다. 과유불급이라 했지만 이미 벌어진 일이다. '벼개'는 이미 우리의 일상에 자리를 잡고 어엿하게 제법 윗길의 지위를 차지한 지 오래다. 하기는 그 유명한 '김치'의 출생 또한 중세국어 '디히'에서 온 전라도 방언 '지'를 잘못 교정해서 얻어진 마당에, '벼개'인들 그 정도 지위를 가지는 게 지나치겠는가. 이쯤 되면 '이런들 어떠하리 저런들 어떠하리'로 술에 물 타고 물에 술 타자고 덤빌 법도 하지만, 그러자고 이런 눈 고생을 시켜서야 되겠는가. 어휘의 변화가 이런 작용들의 결과라고 보자면 말이 생겨나고 사라지는 것도 그야말로 인간적인 일이어서, 말에 대한 위신

을 세우고 폄하하는 일을 삼가는 것도 균형 있는 사람살이의 미덕인 것을 재삼 확인하고 싶을 따름이다.

아이고 이쁘네, 인자 피박 준비히야지

'피박'은 화투판에만 있는 게 아니다. 혼례를 치르자면 갖춰야 할 것 가운데 하나가 바로 '피박'이다. 이쯤 되면 피박이란 것이 뭔가 호되게 치르는 일 정도로 여겨질지도 모르지만 역시 아니다. 그것은 '다루다'는 표현을 쓴다. 예전에 신랑이 삼일신행을 하는 날이면, 동네 남정네들이 신랑의 발목을 묶어 명태로, 좀 지악스런 동네에서는 '방맹이'로 신부 훔쳐가는 죄목을 씌워 신랑을 호되게 두들겨패는 풍습이 있다. 그것은 신랑을 '다루는' 일이지, 피박과는 아무 상관이 없다.

그러면 도대체 혼례식에서의 '피박'이란 무엇일까. 그렇다. '폐백'을 우리 동네 할머니 할아버지들께서는 으레 '피박'이라고 부른다. 방언 연구로 잔뼈가 굵은 나도 이 말을 처음 들었을 때는 다소 당황했던 게 사실이다. 아마도 화투판 용어에 대한 인식의 두께가 너무 두꺼워서였는지도 모른다. 지금부터 피박과 관련하여 이 지역에 있었던 말소리의 변화에 대해 살펴보도록 하자.

폐백이라는 단어가 '피박'이 된 것은 두세 가지 정도의 다소 복잡한 소리의 변화를 겪은 결과다. 우선 '폐백>페백>피백'의 과정을 생각할 수 있다. 한반도의 중부지역을 제외한 대부분의 지역에서 'ㅖ>ㅔ>ㅣ'의 소리 변화가 근대국어 이후로 있어왔다. 간단히 몇 가지 어휘를 예로 들자면, 우리가 "거울 조깨 고만 좀 봐, 이뻐, 이뻐" 하고 젊은 처자들 얼굴치장 몸치장 신경쓰는 것을 보면서 하는 말인 '이뻐'도 '예뻐>에뻐>이뻐'의 과정을 겪은 결과다. 그밖에 '며느리>메느리>미느리'라든가 '별>벨>빌, 면장>멘장>민장, 면경>멩경>밍경' 등에서도 그런 과정을 확인할 수 있지만, '별'이 '빌'로 된다거나 '면장'이 '민장'으로 된다거나 하는 어휘들은 정말 그럴까 싶을 정도다.

또하나, 폐백의 '-백'이 '-박'이 된 과정에 대한 설명도 필요하다. 이 지역에서는 단어의 마지막 소리가 '아'나 '어'인 것들이 '애'나 '에' 소리로 변화한 단어들이 있다. 예를 들면 '장가>장개'가 우리에게 가장 익숙한 말이다. 우리 동네에서는 '장개' 간다는 말이 흔연스럽다. 시대에 안 맞지만, '과거'도 '과게'라고 하고 '바다'도 '바대'라고 한다. 지금은 역시 낯이 선 사투리쯤으로 되어버렸지만 말이다.

그런 일련의 현상들이 있으면, 사람들은 또한 그 반대로 맥없는 '애' 소리를 '아'로 바꾸어버리기도 한다. 그러니까 폐백의 '백'을 '박'으로 바꾸어놓은 것은 그 허망한 일의 결과라고 할 수 있다. 지금 보면 '백'이 훨씬 보기도 좋지만, 예전에는 '박'을 더 세련된 말이라고 여겼을 가능성이 없지 않다. 변화가 진행될 때는 기존의 것과 새로운 것이 경쟁을 벌이는 과정이 있는 것이고, 대부분의 경우는 새로운 것이 경쟁에서 살아남게 되며, 그 까닭은 그것이 이전 것보다 나아 보이는 데서 비롯된다.

이런 과정들을 겪어서 오늘의 '피박'이 탄생한 것이다. 한 가지 변화만 겪어도 그 모습이 낯이 설 판국에, 앞음절은 갈 데까지 변화를 겪어 버리고 뒷음절은 오히려 변화를 거슬러 세련된 형태로 바뀌었으니, 지금의 관점으로 보면 균형이 깨진 상태가 이상스러운 정도를 강화한 셈이다. 그런데다가 하필 화투판에서 탄생하여 한국인의 언어생활에서 강력한 영향력을 행사하고 있는 단어와 같은 소리가 되었으니, 누군들 이 단어를 처음 들었을 때 충격을 받지 않을까.

그러나 어떻든 우리에게 드는 의문은, 피박과 같은 소리의 변화를 겪었으면서도 지금까지 그 생명을 유지하고 있으며 오히려 세련되고 규범에 맞는 어투를 구사하려고 드는 젊은 세대들에게서조차 버젓이 그 세력을 키워나가고 있는 '이뻐'를 생각해보면, 이게 다소 이치에 안 맞는 듯하다는 것이다.

도대체 이뻐가 다른 어휘들에 비해 그다지 귀에 설거나 거슬리지 않는 것은 무슨 까닭일까. 다시 말하자면 'ㅖ > ㅔ > ㅣ'의 변화를 겪은 많은 어휘들이 모두 촌스러움의 극치를 달리는 데 비해, 어찌하여 이뻐는 그다지 촌스럽게 느껴지지 않는 것일까. 그 이유는 아마도 이 어휘가 가진 개별적 속성 때문일 듯하다. 이 어휘가 사용되는 상황은 누군가에게 살가움을 표현할 때라는 것이 아마도 다른 어휘들과 다른 점이라고 할 수 있다. 살가운 표현이라면 오히려 시절의 때가 묻은 어휘가 격에 더 잘 어울릴 것이다.

어쨌든 "오늘날 이쁜 시악시들은 피박을 드리는 것과 쓰는 것 중에 어느 것을 더 두려워할까?"

왜 차꼬 쩔벅거맀싸

'쌔고 쌨다'는 이제 우리나라 전역에 걸쳐 광범위하게 사용되고 있는 표현이기는 하나, 전라도 사람들이 무던히도 '썼싸서' 여전히 지역적 색채가 강한 표현이다. 이 '쌔고 쌨다'는 '쌓이고 쌓였다'에서 출발한 것으로, 그 발달과정을 이해하기 위해서는 이 표현의 근간을 이루고 있는 동사 '쌓-'의 동작성과 관련하여 '-아/어쌓-'을 먼저 주목할 필요가 있다.

아래의 ①은 동사 '쌓-'의 기본적인 용법들이며 그와 관련된 동작성을 확인할 수 있는 용례들이다.

① 쌓-
- 산이다 나무를 쌓아놓았던개벼.
- 나락을 노적 같은 것을 수북허니 쌓아놔.

- 솔가루를 히다 수북허니 쌓아놓드래야.
- 장작을 인자 많이 갖다 쌓아놓고

볏단, 장작, 솔가지 등을 수북하게 쌓는 것과 연관지어, ②'-아/어쌓-'의 의미를 생각해보시라.

②-아/어쌓-
- 어른들이 칭찬을 히쌓고
- 아이고 대고 울어쌓는디
- 절을 자꾸 해쌈서
- 집 옆에가 가시내가 있는디 이쁜 게 자꼬 거그를 다녀쌓네.
- 흙을 가마니다 담어쌓고
- 강아지 한 마리가 선비한티 와갖고 핥아쌓고
- 애기가 자꼬 보채쌓고
- 사방으서 짐승 소리는 나쌓고

①에서 사용된 '쌓-'이 무엇을 겹겹이 포개어 차곡차곡 얹어놓는 동작성에 초점을 둔 것이라면, ②는 동작이 반복되고 있는 데 초점이 맞추어진다. '절을 반복해서 하다'는 '절을 해쌓다'로, '계속해서 울다'는 '울어쌓다'로 바뀌면서 '-아/어쌓-'은 어떤 행위가 반복되는 상태에 대한 표현으로 굳어지게 된다. 그러니까 '-아/어쌓-'은, 금세 사라

져버릴 동작의 반복을 마치 노적가리 쌓듯 시공간적으로 전환시키는, 정말로 재미있는 표현방식이다.

　동작이 상태로 전환되는 결과는 '쌔고 쌨다'에 와서 정점에 이른다. 앞서 언급한 것처럼 쌔고 쌨다는 '쌓-'과 관련되어 있지만, 여기서는 '쌓-'이 가지는 동작의 반복성으로 말미암아 이루어진 상태, 즉 '아주 많다' 혹은 '아주 흔하다'에까지 그 의미가 확장되기에 이른다.

③ 쌓이-
- 마누래는 없고 돈만 잔뜩 쌓였거든(쌨거든).
- 모래와 자갈이 쌓여 있어(쌨어).
- 동지섣달 눈은 장성같이 쌓였는디(쌨는디).
- 몬지가 한 댓자 쌓였드라(쌨드라).

　물론 '쌓이다'와 '쌨다'가 완전히 같다고 말하기는 어렵다. ④와 ⑤를 비교해보면, 쌨다의 출발은 비록 쌓다에서부터이나 이미 쌓다와 결별한지 오래고, 오히려 그렇게 해서 '흔하다'와 가까워진 상태임을 확인할 수 있다.

④
- 쉬지 않고 벽돌을 올리자, 담은 점점 높이 쌓여(쌔(?))갔다.
- 학문의 기초가 쌓임(쌤(?))에 따라 그는 공부하는 데 점점 재미를 느꼈다.

- 수양이 쌓인(쌘(?)) 만큼 이해의 폭이 넓어졌다.
- 가슴속에 걱정이 쌓이면(쌔면(?)) 병이 된다.
- 할 일이 태산같이 쌓였다(쌨다(?)).

⑤ • 흔한(쌘) 이름
- 요즘은 딸기가 흔하디 흔해(쌔고 쌨어).
- 아이들끼리 놀다 싸우는 일은 흔하게 있는(쌔고 쌘) 일이다.
- 이 운동화는 너무 흔해서(쌔고 쌔서) 웬만한 학생들은 다 하나씩 가지고 있다.

그러니까 요점은, '왜 차꼬 찔벅거렸싸'가 만들어진 과정과 '괜찮은 남자, 쌔고 쌨은게 걱정허들 말드라고'의 '쌔고 쌨은게'가 활보하는 지경조차도, 이 지역 사람들이 가진 감각적 표현 능력에서 비롯했다고 봐도 지나치지 않는다는 것이다. '하이카나(하여튼)' 이 동네 사람들 머리 좋은 사람들이 '쌔고 쌨던' 갑다. 이렇게 재미난 표현방식이 생긴 걸 보면.

"아, 근디 너는 왜 그렇게 웃어쌓냐?"
"내가 먼 재미가 있다고 웃겄냐? 그냥 웃다보면 재미가 생기는 것이제."

지랄허고 자빠졌네

　얼마 전 대통령 탄핵사건과 관련하여 '탄핵허고 자빠졌네' 라는 말이 유행한 적이 있다. 어떤 이는 이 말을 〔탄해커고 자빠전네〕라고 발음하기도 하는데, 이것은 우리 동네의 언어적 규범에 어울리지 않는다. 이 지역에서는 '허다' 앞에 'ㄱ, ㄷ, ㅂ'이 있어도 'ㅋ, ㅌ, ㅍ'처럼 거센소리로 발음하지 않고, 오히려 '허다'의 'ㅎ'을 탈락시키고 그저 'ㄱ, ㄷ, ㅂ'만으로 발음하기 때문이다. 즉 '끕끕허다, 깝깝허다, 폭폭허다, 빳빳허다' 등의 방언 어휘들은 모두 허다의 ㅎ이 사라지고 앞에 있는 받침이 ㅎ 자리에 나타나는 식의 발음, 즉 '끕끄버다, 까까버다, 폭포거다, 빧빠더다'로 발음된다. 이런 방식으로 '탄핵허다' 도 '타내거다'로 발음돼야 이 지역의 언어 규범에 어울리는 셈이다.

　또한 탄핵허고 자빠졌네를 탄핵허고 '쓰러졌네' 나 탄핵허고 '넘어졌네'로 써서는 안 되며, 반드시 '자빠졌네'로 해야만 한다. 이 동네에서는 자빠지나 넘어지나, 둘러치나 메어치나 매한가지이지만, 여기서 '자빠지다' 는 넘어지거나 쓰러지는 동작성이 있는 게 아니라 어떤 상태를 유지하는 '하고 있다' 의 의미로 사용되기 때문에, 오직 '자빠졌네' 만 쓰일 수 있는 것이다. 더 근본적으로는 이 말이 이 지역에서 제자리를 적실하게 차지하고 있으며, 상대에 대한 맹렬한 반감이나 억압된 분노를 표현할 때 줄곧 등장하는 힘 있는 표현 '지랄허고 자빠졌네', 즉 전체가 하나의 의미를 이루고 있는 관용구에 그 뿌리를 두고 있기 때문이기도 하다. 이제 새 말 '탄핵허고 자빠졌네' 의 출현과 관련하여 이 말의 생성과정에 깔려 있는 우리의 엄연한 사회문화적 특성을 살펴보자.

러시아 출신의 언어학자 로만 야콥슨은 언어의 기능을 여섯 가지로 분류하였다. 그 가운데 말하는 사람이 자신의 감정을 표현하는 것은 감정 혹은 정서 표현의 기능이라고 설명하고 있다. '지랄허고 지빠졌네' 는 누군가가 꼴 같지 않은 짓을 할 때 그것을 속되게 표현하는 말이며, 기실 그로 말미암아 자신의 곱지 못한 감정을 드러내는 말이니, 곧 감정 표현의 기능에 해당하는 것이다.

이런 식의 속된 표현들로는, 활자화하기도 민망한 '병신 육갑허네' 혹은 '병신 삽질허고 자빠졌네' 등이 있다. 이 말들은 참으로 비인간적인 표현임에 틀림없다. 사지 멀쩡한 사람도 육십갑자를 따지거나 삽질을 하기가 쉽지 않은 일인데 그러지 못한 사람을 빌려 남을 비난하는 데 사용하는 것 자체가, 우리 사회가 약자에 대해 인색하다 못해 잔인하기까지 한 것을 비추고 있는지도 모른다.

'지랄허고 자빠졌네'의 '지랄' 또한 마찬가지다. 지랄은 '마구 법석을 떨며 분별없이 하는 행동을 속되게 이르는 말'이며, 또한 '간질병자가 어느 순간 발작을 일으키는 것'을 의미한다. 필자에게도 중간시험을 치르다가 간질 증세를 보인 안타까운 학생을 맞닥뜨린 경험이 있다. 다행히 마음이 따뜻한 학생들과 함께 신속하게 대처하여 잠시 후에 모든 것이 안정되었다. 그 학생이 다시 안정을 찾아준 것이 정말 고맙고 다행스러웠으며, 그후 이 말이 얼마나 비인간적이고 몰인정한 말인지 절감하게 되었다.

사피어-워프의 가설, 언어는 그 사회문화적 특성과 상호영향을 주고받는다는 말을 새겨 풀어보면, 적어도 '지랄허고 자빠졌네'는 우리 사회가 사람의 가치를 가늠하는 데 능력을 우선으로 하며, 그것이 바탕이 되어 위아래로 줄 세우기를 좋아하는 수직적 계급사회의 멍울에서 여전히 헤매고 있는 모습을 비추고 있음을 발견하게 된다. 이것은 우리에게 너무나 익숙하고 당연하여, 잘못이라거나 이상한 일로 여기지 않을 만큼 보편화되어 있다.

능력을 중요하게 여기고 모든 부모들이 자기 자식은 남보다 앞서기를 바라는 것 자체가 나쁘다는 것이 아니다. 문제는 그렇게 해서 남보다 앞섰을 때 하는 행동이다. 능력 좋은 사람은 그 재능으로 말미암아 명예, 권력, 아니면 돈을 얻을 터인데, 욕심 사나운 이들이 그 모두를 한꺼번에 가지려 드는데다가 제 잇속에만 관심을 두는 경우가 허다한 게 문제이다. 잘나간다는 직업을 가진 사람들이 대체로 이런 소아적 태도에서 벗어나지 못하고 있어, 약자를 보호하고 더불어 살아가는 사회를 만드는 데 무관심한 마당에 최근 '탄핵허고 자빠졌네'란 말까지 생긴 것을 보면, '정치' 한다는 사람들이 하는 행동이 거의 '지랄'과 맞먹는 것으로 간주되고 있는 셈이다.

어떤 아주머니는 "국민을 위해 일허라고 뽑아주었으면, 즈그덜이 우리를 걱정허고 우리한티 뭣을 히야 헐 것인가 고민을 히야 헐 판에, 뎁데로(도리어) 우리가 즈덜 땀시 머리를 싸매고 걱정을 허는 판국이니 참말로 기가 맥히는 일"이라고 하고, 또 어떤 아저씨는 말이 없으시다가 그냥 "싸아가지 없는 새끼들"이라고 하신다. 누구의 말이 맞는지 모르나, 아무튼 '정치허고 자빠졌네' 혹은 '탄핵허고 자빠졌네'라는 말이 우리 동네에서 생겨나는 것을 보면, 우리 사회의 '정치'나 '탄핵'은 아마도 '지랄'과 닮은 점이 많은 것임에 틀림없다.

그리하여 나는 동냥아치, 양아치 등에 붙어 있던 접미사 '-아치'가 벼슬 뒤에 붙어다니던 그 안타까운 역사가 오늘날까지 이어져, 관용구 '지랄허고 자빠졌네'의 지랄이 정치 혹은 탄핵으로 바뀌고 있는 현상을 보면서 참으로 속이 '지랄' 아니 '정치' 같았다. 그렇지만 성숙한 자유민주주의를 향해 도도히 흘러온 우리 민족의 결집된 역량은, 분명 4·15를 4·19보다 더 역사적인 전환점으로 만들어낼 것을 기대하면서 '정치 같았던 마음'을 '꽃불 같은 마음'으로 바꾸어 먹기로 작정했다.

제1부 눈 오는 날 싸박싸박, 비 오는 날 장감장감　65

양손에 행주 들고 방그작작 웃는 양은
아리금살 꾀꼴네라

시조에는 음보가 있고 가락이 있다. 그런데 이 시조 음보의 진행은 이른바 '뽕짝' 리듬과 닮은 것 같다. 처음 두 행은 같은 리듬으로 반복되다가 마지막 행에 살짝 파격을 주는 시조의 리듬을 서둘러 몰아치면 마치 '꿍짝꿍짝 꿍따리꿍짝' 아니면 '뽕짝뽕짝 뽕지리뽕짝' 등의 리듬과 비슷해지기 때문이다. 즉 처음 두 행은 같은 음보를 반복해서 리듬을 만들다가 세번째에 비틀어서 마무리하는 방식으로 보면, 시조의 '삼사 삼사 삼사삼사 삼오사삼' 이나 유행가의 '뽕짝 뽕짝 뽕지리뽕짝' 은 단순한 리듬의 반복으로 시작하여 약간의 파격으로 정리하는 것이 비슷하다는 생각이 든다.

　　세상은 요지경/요지경 속이다/잘난 사람 잘난 대로 살고/못난 사람 못난 대로 사아안다—

야이야이 야들아—/내 말 조옴 들어라/여기도 짜가 저기도 짜가
/짜가가 판친다.

아무것에도 방해받지 않을 만큼 자유로운 순간에 '뽕짝뽕짝' 이나
'꿍짝꿍짝' 의 리듬이 우리를 흥겹게 하고, 시조의 '삼사삼사' 가 우리
시문학사에서 독보적 위치를 차지한 데는 그만한 이유가 있다. 심장의
박동소리가 그렇건 영혼의 소리가 그렇건 우리말의 이치가 그렇건 간
에, 전라도 방언 속에도 이런 방식의 말하기가 존재하며 그것이 주는 재
미 역시 시조양식의 한 바탕을 마련하고 있는 것처럼 보인다.

옛날에 똑같은 친구가 있었던 개비여.
하나는 눈깜쩍이, 하나는 코훌쩍이, 하나는 부실먹쟁이.

눈을 자주 껌벅거리는 습관이 있는 사람, 코를 자주 훌쩍이는 버릇이
있는 사람은 누가 먼저이건 상관없다. 이 두 사람의 반복적 행위에 대한
상상과 그 두 사람을 같은 위치에 배치한 것으로부터 일정한 리듬이 생
긴다. 그런데 마지막의 "부실먹쟁이"는 얼굴에 검은 반점이 있는 모양
이니, 앞의 두 사람과는 그 성격도 다르거니와 글자 수도 달라서 명백한
파격을 이룬다. 그리고 그 방식은 시조나 뽕짝의 마무리와 닮아 있다.

앞집 지순 어매, 옆집 깨순 어매, 뒷집 순뎅이 아무거,

모다 나와 콩나물을 지르네 험서 난리를 치는디.

"앞집 지순 어매, 옆집 깨순 어매, 뒷집 순뎅이 아무거" 역시 마지막의 "순뎅이 아무거"의 파격이 앞에서 두 번 반복되는 의미와 리듬과 대조를 이룬다. '지순 어매, 깨순 어매'는 의미와 리듬이 완전히 동일하지만, '순뎅이 아무거'에서는 '순뎅이'의 고모든 이모든 아니면 할머니든 아주머니든 그 자리를 차지할 사람의 범위를 대폭 확대하여, 그 다음 말 '모두 다 와서 난리를 치는' 장면에 등장할 인물의 폭과 수를 매우 적절하게 개방해놓고 있다.

도채비들이
왔다 갔다 왔다 갔다 야단이 나.
도채비들이 깜박거림서
왔다 갔다 왔다 갔다 달음박질을 허고 야단이 나.

도깨비의 행위에 대한 묘사방식 역시 마찬가지다. "왔다 갔다 왔다 갔다"를 반복한 후에 "야단이 나"로 마무리되며 "왔다 갔다 왔다 갔다 달음박질을 허고"가 반복되다가 "야단이 나"로 다시 마무리되는 형식성 역시, 앞의 정형성과 같은 맥락이며 시조 종장의 마무리 방식과 비슷하다.
이러한 정형성의 실패와 성공 여부는 역시 마무리의 적절성에 달려 있다. 즉 단순하게 반복된 내용이 얼마나 실감나고 적절하게 마무리되느냐가 이러한 표현방식의 성공 여부를 결정짓는다고 할 수 있다. 앞의 세 예시에서 '부실먹쟁이, 순뎅이 아무거, 야단이 나'는 모두 마무리의 적절성을 보여주지만, 그 효과로 보면 '순뎅이 아무거, 부실먹쟁이, 야단이 나'의 순서로 표현효과의 적절성에서 차이를 보인다. "야단이 나"는 단순한 정리인 데 비해, "순뎅이 아무거'는 다음 상황을 미리 감안하여 여러 사람을 나열해서 수많은 동네 사람들 중 딱히 누군가를 지칭할 필요가 없게끔 상황을 정확하게 표현하고 있다. "부실먹쟁이"의 대조나 파격 역시 "야단이 나"보다는 한 수 위다.

뜬금없는 말 '요리조리 요리조리 망금당실 떠'를 보라. "요리조리 요리조리"와 "망금당실 떠"의 전후 맥락을 고려해보면, 무엇인가가 물 위에 떠서 좌우로 움직이며 앞으로 나아가고 있는 모양이다. "요리조리 요리조리" 속에는 마치 노를 젓는 대로 배가 좌우로 움직여가면서 조금씩 앞으로 나아가는 모습이 연상되는데, 도대체 "망금당실"은 무엇인가. 우리의 직관으로는 '두리둥실, 두둥실' 정도로 표현됨 직한 상황에서 "망금당실"이라니. 그런데 망금당실은 두리둥실, 두둥실 못지않게 유연하고 안정된 모습을 상상하고 받아들이도록 하기에 부족함이 없어 보인다. 달이, 풍선이, 배가 가볍게 떠오르거나 떠 있는 모습을 이미지화해놓은 단어 둥둥은 그 나머지 둥실, 두둥실, 두리둥실의 이미지를 지배하고 있다. 반면 망금당실은 우리에게 낯설다. 둥둥 계열의 단어 이미지와 비교할 수 없을 정도로 낯설다. 그럼에도 불구하고 익숙하다.

아무런 거부감도 없을뿐더러 오히려 둥둥 계열의 단어가 가지는 가벼움을 극복하여 더 예쁘고 아기자기하게 떠 있는 것처럼 느껴진다. 그런 점에서 망금당실의 가치가 돋보인다.

'망금당실'의 효과처럼 '양손에 행주 들고, 방그작작 웃는 양은, 아리금살 꾀꼴네라'의 표현효과는 '꿍짝꿍짝 꿍짜자작 작작' '삼사삼사 삼오사삼' 방식의 정점에 와 있는 것 같다. 양손에 행주를 들고 팔 걷어 붙이고 열심히 일을 하던 일상의 건강함이 그에게서 우러나고, 그런 그가 꽃망울 터지듯 수줍고 탐스럽게 웃는 모양이 "아리금살 꾀꼴네"라니. 아망스럽고 귀엽고 탐스럽고 건강한 젊은 아낙의 이미지를 구축하기 위해 사용된 '아리금살' 과 '꾀꼴네'. '아리금살' 은 어쩐지 '아리땁다, 금빛, 살갑다' 는 단어들의 첫 음절로 조합된 것 같고, 그래서 그런지 그 이미지들이 모두 이 단어 속에 섞여 있는 듯하다. 그리고 '꾀꼴네' 는 그 모양이 앙증맞은 금빛 새 '꾀꼬리' 로 응축되고, 꾀꼬리의 소리 이미지를 바탕에 깐 채 그 아낙의 싱싱한 미소를 함축하고 있다.

말이 가락이고 가락이 말이었던 시절, 슬프고 힘들어도 노래요, 즐겁고 행복해도 노래인 시절이 있었다. 숫자를 셀 때도 '한나, 두울, 세엣, 네엣', 사람을 셀 때도 '한놈, 두지기, 석삼, 너구리'. 말과 삶이 건조해질수록, 가락 있는 말과 삶이 고파온다. 물론 믿을 수 없는 놈들의 말이야 가락을 싣는 게 오히려 더 야비한 일이지만 말이다.

아까막새 그 새가 고닥새여?

　시절이 수상하다. 빚에 쪼들리고 생활고에 시달려 삶을 포기하는 가족에서부터 성적이 나쁜 것을 비관하여 피기도 전에 져버리는 어린 생명들에 이르기까지, 요즘 우리 사회에서는 너무나 끔찍하고 비극적인 일들이 많아지고 있다. 세 자식 제 손으로 죽이고 제 목숨 제가 끊을 때, 그때 그 심정이야 오죽할까 싶어 벼랑 끝에 선 그 절박한 절망감이 이해가 되기는 하지만, 아무리 그렇다손 치더라도 그렇게 삶을 포기하는 일은 역시 누군가 관심과 애정을 가지고 손 붙들어 말려야 할 일이다. 지금으로서는 도대체 어디서부터 어떻게 고쳐나가야 할지, 그리하여 언제쯤이나 이 땅이 살 만한 곳이 될지 막막하기까지 하다.
　어떻든 사회의 구조적인 문제를 거론하기에 앞서, 우선은 개개인이 먼저 자신의 마음부터 잘 다스리고 주변 정돈부터 하며 사는 자세가 반드시 필요한 일이다. 우리는 보통 자신이 가진 문제가 가장 심각하고 복잡한 것처럼 생각하지만 조금만 둘러보면, 아니 지나가는 사람 아무나 붙들고 대화를 나누다보면 누구나 복잡하고 심각한 문제 속에서 살아가고 있는 것을 알 수 있다. 우선 복잡한 문제가 있거든, 자신보다 더 복잡하고 힘든 상황 속에서도 밝고 긍정적이며 꿋꿋하게 살아가는 세상의 그 많은 존재들을 바라보며, 말이라도 할 수 있고 사지 멀쩡하여 팔다리 놀리며 정상적인 몸으로 살아갈 수 있는 것만으로도 감사할 일이다. 게다가 세월은 빨라도 지나치게 빨라, 굳이 죽으려 들지 않아도 눈 깜짝할 사이에 눈 어두워 잔글씨 안 보이고 또 머리 희어져 염색약 찾을 날 닥치는 것이니, 제발 조급하게들 굴지 말았으면 좋겠다.

　우리의 화두 "아까막새 그 새가 고닥새여?"는, 시집살이 호되게 하며 졸병 시절을 거쳤던 전라도 출신 병사가 고참이 되어 타 지역 신병들을 골탕 먹인다는 농담에 등장하는 '둔너, 인나(누워, 일어나)' 맹키로 전라도 사람들끼리만 통하는 농담일 게다.

　　"지기미, 그 정도로 죽을 것 같으면 안 죽을 사람이 몇이나 되겄냐고…… 그나지나 야, 너도 후딱후딱 커서 돈 많이 벌어갖고 나 양로당 댕길 때 화토 칠 돈이랑 좀 대고 그리라잉."
　　"아이고, 그런 소리 허덜덜덜 말어요. 야들 다 커버리믄 인자 우리갈 디라고는 땅속빼끼 없응게. 아, 엔간치 살어보믄 다 알잖요. 고닥새 쉰은 되고 고닥새 환갑 되고 안 그럽뎌."
　　"그려, 그 말이 맞네. 그러믄 아까막새 내가 헌 말은 취소허고. 그려, 야들아 느덜도 서나서나 크고 우리도 서나서나 삼서 이런 재미 저런 재미 챙겨감서 살자잉. 조깨 심들어도 어쩌겄냐, 이뻐도 내 새끼 미워도 내 부몽게 서로서로 챙기주고 씨다듬어줌서 살어야지, 안 그러냐."

흔히 나이 드신 분들 연세를 묻다보면 "나? 묻지 마라 갑자생여"라는 말을 듣는다. 요즘 젊은 사람들에게는 이 말에 담긴 시대적 비극이 쉽게 이해되지 않는다. 갑자생은 1924년에 출생하신 분들이다. 왜정 막바지인 1944~45년 무렵에 이분들은 이십대 초반이었고, 6·25동란 무렵에는 이십대 중반이었다. 즉 이분들은 왜정 말기에 대부분 징용의 대상이었으며, 동란 무렵에도 전쟁의 소용돌이를 정면으로 감당해야 했다. 수많은 동료들의 주검을 넘어 그저 살아난 것만으로도 감사하는 분들이다.

이분들의 삶은, 마치 루마니아의 신부이며 작가인 게오르규가 제2차 세계대전의 무자비한 상황 속에서 한 인간의 삶이 어느 정도까지 굴절되고 파괴될 수 있는가를 적나라하게 보여준 소설 『25시』의 주인공 '모리츠'가 겪은 고초와 비견될 만하다. 모리츠는 제2차 세계대전 당시 루마니아의 한 시골에서 농사를 짓던 소박한 농부이다. 그런 그에게 유대인이라는 누명이 씌워지면서부터 모리츠는 영문도 모르고 무려 십삼 년 동안 열다섯 개의 수용소를 전전하며, 가족과 개인의 삶이 완전히 파괴당한 채 전혀 낯설고 엉뚱한 방식으로 끌려가듯 살아야만 했다.

'묻지 마라 갑자생'들은 한국판 모리츠이다. 주권을 빼앗긴 식민국가에 태어나 민족의 정체성조차 확립할 기회를 갖지 못한 채, 식민교육과 징용과 좌우 대립과 동란 등 온갖 혼란 속에서 가랑잎처럼 떠다니듯 살아야만 했던 세대이다. '묻지 마라 갑자생'이란 표현을 처음 들은 것은 1980년대 초반 대학 시절. 현지조사를 나갔다 뵈었던 그분들은 비교적 젊은 오십대 후반, 아직 '아굿심'이 짱짱한 분들이었건만, '고닥새(금방)' 스물몇 해가 지나고 '아까막새(조금 전에)' 그 양반들이 '야든 살'이 되었다니, 시간이 빠르기는 나이가 들수록 더욱 처절하게 실감하게 된다. 그리하여 "엊그저끄까지만 히도 더워갖고 사람 죽겄도만, 고닥새 싼득싼득히서 인자 이불 덮고 자야지, 글 안 허먼 고뿔 걸린당게" "고닥새 머리가 희어져버린당게라오. 그러먼 허고 잎어도 못 혀. 고것이 인생 아닌개벼" 등등, 세월의 무상함이 느껴지는 바로 이런 상황 속에서 '고닥새'와 '아까막새'는 그 존재의 가치를 여실히 드러내고 있다.

'고닥새'는 쉽게 짐작할 수 있는 것처럼 '곧'과 사이의 줄임말 '새'가 결합하여 이루어진 말이다. 표준어 '곧'은 '그 자리를 옮기거나 그 때를 넘기지 아니하고 바로'의 의미를 갖기도 하고 또 '바꾸어 말하면'의 의미도 가진다. 그래서 표준어 '곧'이 사용되는 환경은 '고닥새'에 비해 상당히 다양한 셈이다. 다음의 예문은 '곧'이 사용될 자리에 '고닥새'를 대치하여 의미가 상응하는 정도를 살피기 위한 것이다.

① 도착하는 대로 곧/고닥새(?) 연락해라.
② 자리에 눕자 곧/고닥새 잠이 들었다.
③ 비가 곧/고닥새 내릴 것 같다.
④ 청춘은 곧/고닥새(?) 인생의 봄이다.
⑤ 밤새 눈이 곧/고닥새 많이 내렸다.

통상적으로 '곧'이 가진 의미 가운데 '바로'의 의미로 사용된 예문 ②, ③만이 '고닥새'와 '곧'이 함께 사용될 수 있으며, 예문 ⑤에서 '곧'은 '제법'의 의미이고 '고닥새'는 '금세'의 의미여서 뜻이 완전히 달라지게 된다. 따라서 '고닥새'는 '곧'이 가진 의미 가운데 '바로'의 의미와만 호응하고 있다. 그도 그럴 것이 '고닥새'라는 말은 '곧'과 사이의 줄임말 '새'가 결합한 것이며, 그 사이에 '악'이 들어 있는 구조를 갖는다. '곧+사이' 만으로도 '시간이 매우 조금 지난 정도'를 나타내는데, 그 사이에 들어간 '악'은 어떤 정도의 경미함을 나타내는 접사로 판단된다. 그리하여 '고닥새'는 '곧'보다도 더 짧은 시간을 나타내는 기능을 하는 셈이다.

'아까막새'도 '고닥새'처럼 시간과 관련된 어휘들이 덧붙어 만들어진 말이겠다. 즉 각자 독자적으로 사용되고 있는 '아까'와 '막'과 '사이'가 덧붙어 하나의 어휘를 만들고 있다. '아까막새'는 표준어로 하자면 '조금 전에', 혹은 그저 '아까' 만으로도 표현이 가능한 상황에서 사용된다. 재미있는 것은 '아까막새'는 비슷한 단어 형성과정을 거쳐 만들어진 '아까참에, 아까침에, 아까판에' 등과 같은 자리에서 모습을 바꿔가며 사용되고 있다는 점이다.

   2000으로 시작하는 숫자가 여전히 생소하여 도대체 내가 어느 해에 살아가고 있는지 헷갈릴 때가 많지만, 아무튼 '고닥새' 시들어 사라져 갈 모든 것들에 마주 서서, 내가 살아온 날들과 살아갈 날들을 가늠하며 자신의 삶을 차분히 되돌아볼 일이다.

짬-짬허다

전라도 말에 '짬짬허다'라는 단어가 있다. 전라도 사람들의 직관으로야 이 말이 무슨 뜻인지 금방 알아차릴 수 있지만, 사전에서 이 말을 찾아 제대로 이해하기란 쉬운 일이 아니다. 짬짬허다를 사전에서 확인하려면 '짬짬하다'를 찾아야 하는데, 그나마 지금까지 출판된 사전 중에서 '짬짬하다'란 어휘가 등재되어 있는 것은 표준국어대사전뿐이다.

짬짬하다 :「형」1. 잠잠하다의 잘못.
　　　　　　 2. (북) 할말이 없어서 맨송맨송하다.
예) 그는 방에 돌아와서 **짬짬**하게 앉았다가 옷을 벗고 팔베개로 누웠다.

이 설명으로는 전라도 방언 '짬짬허다'를 이해하기에 부적절하다. 짬짬허다가 첫번째 설명 '잠잠하다'의 잘못이라면 '말없이 가만히 있다' 는 뜻에 가까울 텐데, 이는 '할말이 없어서 맨송맨송하다' 라는 북한 말의 뜻풀이로 이해하는 편이 더 낫다. 그런데 이 역시 전라도 말 '짬짬 허다' 와는 그 의미가 사뭇 다르다. 특히 잠잠하다를 강하게 표현할 때 는 '잠잠―하다' 처럼 두번째 음절을 길게 발음해야 하는데, 짬짬허다 를 강하게 표현할 때는 '짬―짬허다' 로 발음해야 하기 때문에, 이 두 단 어는 근본적으로 어근 분리가 상이한 방식으로 일어난다.

또한 전라남도 방언사전에는 '짬짬허다' 가 '(형)꺼림칙하다(장성)' 라고 제시되어 있다. 장성은 전북 정읍과 인접한 지역이니까 말의 쓰임 새가 전라북도와 별반 다르지 않을 것인데, '꺼림칙하다' 는 뜻으로는 '짬짬허다' 를 대치하기 어렵다.

나는 주인 없는 집에 들어간 것이 (꺼림칙했다/짬짬했다(?)).
아이를 혼자 보낸 것이 (꺼림칙했으나/짬짬했으나(?)) 어쩔 수 없었다.
밥이 쉰 듯해서 먹기가 (꺼림칙했다/짬짬했다(?)).

위의 예문에서 꺼림칙하다 자리에 짬짬하다를 대치하기 어려운 것 은 꺼림칙하다와 짬짬하다의 의미나 기능이 다르다는 사실을 예증하는 셈이다. 이제 '짬짬허다' 가 사용되고 있는 한국구비문학대계의 한 예 문을 보면서 '짬짬허다' 의 의미를 가늠해보기로 하자.

"앞노적 저놈을 헐래?" 뒷문을 열면서 "뒷노적 저놈을 헐래?" 헐 것이다. 허니 앞노적 뒷노적 다 제쳐놓고 그 아랫목에 있는 꿰짝이나 돌라 허라, 이거야. (청중 : 웃음) 이 판자로 짠 나무궤짝. (조사자 : 예, 예, 궤짝) 응. 그러면 그 **짬짬할** 것이다. 그러니 **짬짬허고** 있으면 우리가 거들 터이닝게. (조사자 : 짬짬하다는 게 뭐예요?) 뭔가 엉거지침허다 이거지. (청중 : 너무나 아까운 마음이지) 너무 아깝다 그거지, 줄까 말까 이것이 아깝다 그거이지. 그래, 인자 그래 약속을 허고 들어갔어.

이 말의 요지는 '앞에 있는 노적을 줄까? 뒤에 있는 노적을 줄까?' 하고 묻거든, 그것 말고 나무궤짝을 달라고 해라, 그러면 아마 선뜻 대답을 못 하고 주저할 것이다. 그때 우리가 거들어주겠다는 것이다. 그러니까 여기서 '짬짬허다'의 뜻은 '선뜻 대답을 못 하고 주저하다'로 이해하는 것이 좋다. 이러한 이해를 바탕으로 몇 가지 예문을 더 보기로 하자.

① 우리는 천하에 없는 일이라도 들을 튼게로(테니까) 말씀만 허라고 말여. 그런게 **짬짬허고** 안 히여.
② 그 한 마리를 잡아가지고 후딱 던져주면서, "당신 오늘 바칠 놈이나 바치야 할 것 아니냐?" 허면서 갖다주라는 것이여. 그러고서 "가시오" 그래놓고는, **짬짬허고** 있으닝게.
③ 나는 암것도 가져갈 것도 없고, 저 책상 우에 베루나 하나 저 주시면 소원입니다.

용왕이 짬짬햐. 짬짬하더니, 내 아들이 은혜를 입었응게, 안 줄 수 있냐.

　예문 ①의 "짬짬허고 안 히여" ②의 "짬짬허고 있으닝게" ③의 "짬짬햐, 짬짬하더니" 모두에서 '짬짬허다'는 선뜻 말을 하지 못하고 주저하는 상태를 가리키고 있다. 그 까닭은 물론 내키지 않기 때문이다. 따라서 '짬짬허다'의 의미는 '내키지 않아 선뜻 대답이나 행동을 하지 못하고 주저하고 있는 상태'라고 보면 적당하다.
　'짬짬허다'가 '잠잠하다', 즉 '말없이 가만히 있는 상태'에서 출발했을지라도, 전라도에서 이 말은 입장이 난처해진 상황으로 한정되어 사용되면서 새로운 의미로 다시 태어난 셈이다. 어쩌면 이 말 속에는 입장 곤란한 처지에 놓여 있었을 수많은 전라도 사람들의 짬ー짬해하는 모습들이 배어 있는 셈이다. 그러니 '짬ー짬허다'는 말을 만들어낸 까닭에도 '짬짬해하는 심리', 즉 쉽게 거절하지 못하는 전라도 사람들의 심리상태와 그 행동양식이 반영되어 있는 것은 아닐까.

저것 솔찬히 아고똥허네

 '징게(김제) 맹갱(만경) 외배미뜰'의 너른 들녘을 가진 전라도 땅은 기실 다른 지역에 비해 비교적 살기가 나은 자연환경을 가지고 있다. 그래서 먹을거리도 다양하고 풍족해서 먹는 문화가 발달되어왔음은, 식당 반찬이 너무 많은 것을 걱정하는 타지 사람들에게 전라도 사람들이 "반찬 값은 내가 낼게" 하는 농담을 던지는 방식으로 예증된다. 생계를 위한 일차적 욕구가 충족되고 나면 더 잘살고 싶은 욕구가 생기게 마련이다. 때문에 앞서 말한 환경 위에서 고대소설과 판소리 등을 비롯한 문학과 예술이 이 땅 위에 풍요롭게 피어났던 것 또한 잘 알려진 사실이다. 그래서 전라도는 흔히 '맛과 멋의 고향'이라고 불린다.

 그러나 또다른 한편, 전라도는 개혁의 땅이기도 하다. 고려 왕건이 후백제 견훤과 그 잔존세력을 경계했던 일과, 고려를 무너뜨리고 역성혁명을 일으켰던 이성계 역시 전주가 관향인 점, 임진년 왜병들이 조선

팔도를 휘젓고 다닐 때도 전라도 의병들에게 곤욕을 치렀던 일과, 동서 당파분쟁의 답답한 소용돌이 속에서 전라도를 반역향의 나락으로 내몬 정여립이 전주 사람이었고 구한말 주권국가를 지향하며 사회개혁을 꿈꾸었던 녹두장군 전봉준이 정읍 고부 사람이었던 점, 이념 대립으로 갈기갈기 찢긴 국토에 빨치산이 대거 몰려 있던 곳도 역시 지리산, 회문산 등의 전라도 땅이었던 것을 보면, 하여튼 전라도는 '솔찬히 아고똥헌' 동네임에 틀림없다.

맛과 멋을 즐기며 살아가면서도 개혁을 꿈꾸었던 전라도 사람들이 살아가는 모습을 가장 잘 반영한 표현은, 아마도 '솔찬히 아고똥허당게'가 제격인 것 같다. 평소에는 순박하기만 한 것 같은데, 일단 어떤 문제가 생기고 나면 '짯짯이' 따져서 제대로 풀어내야 직성이 풀리는, 그래서 '솔찬히 아고똥헌' 사람들이 전라도 사람들이다.

'솔찬히'라는 부사는 '수월찮-+-이'에서 비롯된 말이다. '수월찮다'의 사전적 의미는 '까다롭거나 힘들어서 하기가 쉽지 아니하다'와 '꽤 많다'로 풀이되어 있어서, 형용사 '수월찮-'에 부사파생접미사 '-이'가 결합한 '수월찮이'는 '무엇인가를 하기가 쉽지 않게, 꽤 많게' 등의 기본 의미를 가진다. 그 '수월찮이'가 전라도식으로는 '솔찬히'이다.

그러나 전라도식 표현 '솔찬히'는, 표준어 '수월찮이'가 가진 문자 그대로의 의미 '수월하지 않게'로 사용되기보다 '꽤 많게'의 의미로 한정되어 사용되며, 전라도 사람들에게는 이미 '솔찬허다'로 재구조화된 단어가 있을 정도에 이른다.

① 남을 가르친다는 것은 누구에게나 수월찮은(솔찬헌(?)) 일이다.
② 계단이 높아서 오르내리는 것이 수월찮다(솔찬허다(?)).

예문 ①과 ②에서 표준어 '수월찮다'를 '솔찬허다'로 바꾸는 것은 전라도 사람들에게 어색한 일이다. 이는 앞서 말한 바와 같이, '솔찬허다'가 '상당하다'로 굳어버려서 '쉽지 않다'의 문맥에는 어울리지 않기 때문이다.

③ 덕유산에서 함양까진 수월찮은(솔찬헌) 거리다.

예문 ③에서 '솔찬헌'은 전라도 사람들에게 '상당히 먼'의 의미로 이해된다. 다음 예문들에서는 그러한 의미가 보다 선명하게 나타난다.

④ 친척 어른들께 두루 세배를 하니 세뱃돈이 수월찮았다/솔찬했다.
⑤ 대감은 이제 식구가 불어나 씀씀이가 수월찮을/솔찬헐 테니 내 한 입이라도 덜어드려야 도리일 듯싶었다.(현기영,『변방에 우짖는 새』)
⑥ 그의 몫이자 집안의 경제를 지탱해주고 있는 유일한 끈은 그런대로 수월찮이/솔찬히 남아 있는 전답이었다.(최일남,『거룩한 응달』)
⑦ 뻔질나게 국경을 넘나들려면 노자도 수월찮이/솔찬히 들 테니

보태쓰게.(박완서,『미망』)

  사실상 '솔찬히'보다 '아고똥허다'의 의미나 단어의 생성경위가 더 지난하다. '아고똥허다'는 말은, 일단 힘의 우열관계에서 열세인 처지에 있는 사람이 우위를 차지한 사람의 의견이나 주장에 맞서 자신의 입장을 당당하게 표현하며 굽히지 않는 모습을 가리키는 말이다. 누군가가 아고똥하려면 적어도 자신의 논리와 정당성이 확보되어 있어야 하고, 그러한 태도를 드러내는 데는 반항심이 동반되는 게 보통이다. 그러저러한 맥락을 감안하여보면, 이러한 의미와 가장 근접한 표준어는 아마도 '아귀'와 '뚱하다'의 조합일 듯싶다.

  '아귀'는 사물의 갈라져 있는 부분을 의미하며 통상 손아귀를 나타내고 혹은 입을 비하하여 가리키는 말이다. 전라도에서 '아굿심이 세다'는 말은 '손아귀의 쥐는 힘이 센 것'도 의미하지만 '말발이 센 것'을 의미하기도 한다. '아귀'와 함께 쓰여서 사람의 성정을 나타내는 말로는 다음의 예들이 있다.

    ①아귀(가) 무르다 : 남에게 순순히 잘 굽혀드는 성질이 있다.
    ②아귀(가) 세다 : 남을 휘어잡는 힘이나 수완이 있다.
                남에게 순순히 굽혀들지 않는 성질이 있다.
    ③아귀(가) 차다 : 휘여잡기 어려울 만큼 벅차다.

예문 ②의 '아귀 세다'는 전라도식으로 '아굿심 시다'에 대응하며, 이런 방식으로 '아귀뚱하다'라는 단어가 형성될 개연성은 충분하다. 게다가 '뚱하다'의 의미, '말수가 적고 묵직하며 붙임성이 없다'와 '못마땅하여 시무룩하다'의 의미 가운데 '못마땅하다'와 '아고똥허다'의 의미 사이의 상관성을 감안한다면, '아고똥허다'는 '아귀 뚱하다'에서 출발하여 '아구뚱허다＞아고똥허다'의 음운 변화를 거쳐 이루어졌을 가능성이 높다.

전라도 땅이 어쩌다 '솔찬히 아고똥헌' 동네가 되었는지는 역사가 풀어내야 할 몫이지만, 그 '아고똥헌' 자세는 되레 이 지역 사람들의 자부심이기도 하다. 그러나 자칫 조화롭지 못한 사람들로 낙인찍히거나, 균형을 잃은 억지부리기식의 '아고똥함'으로 오인되지 않도록 노력해야 할 것이다. 아니, 오히려 그런 태도가 우리 아이들이 살아야 할 미래의 삶을 더 성숙하고 진실하게 만들어가는 동력으로 작용될 수 있도록 균형 잡힌 태도를 견지해야 마땅하며, 그렇게 할 때야만 비로소 '솔찬히 아고똥헌' 것의 가치가 제 빛을 띨 수 있음을 잊지 말아야 할 일이다.

하이고, 이놈아 엔간히 좀 납떠

　국어학의 정치한 논리에 빠져 살던 대학원 시절에 선후배들이 모인 자리에서, 누군가가 농담 반 진담 반으로 '비빔밥'은 밥이 비벼진 상태로 제공되는 것이 아니라 먹는 사람이 비벼서 먹어야 하는 것이니까 '비빌밥'으로 해야 옳지 않겠느냐는 말에 갑론을박한 적이 있었다.
　그리고 십수 년이 지난 어느 날 사전을 뒤적이다가 '내뜰성'이라는 단어와 조우하게 되었다. 이 단어의 중심부인 '내뛰-' 혹은 '냅뛰-'는 내 유년기의 유별난 성정을 경계하느라 어머니로부터 들었던 "엔간히 좀 납떠" 때문에 귀에 익었다가 대물림인 아들의 행동을 경계하기 위해 "그만 좀 납뛰시게" 하는 방식으로 조금 표준어화해서 입으로만 쓰던 어휘였다. 그렇기 때문에 이 어휘를 활자화된 형태로 다시 만나는 것 자체가 내게는 잠시 새로운 느낌을 주었던 기억이 있다.
　이런 단어들, 즉 활자화해야 할 기회가 없었거나 한동안 잊었거나 혹은 평생 만나보지도 못하고 말았을 어휘들을 활자로 만날 수 있는 가장 좋은 기회는 역시 소설이나 시다. 그리고 낯선 단어와의 조우는 그 자체가 새로운 인식의 지평에 다다르는 일이다.

무슨 일에나 나서서 참견하기를 좋아하는 성질인 '내뜰성' 역시 소설 속에서 그 용례를 만날 수 있다.

> 내뜰성 명랑하고 활발하여 나서기를 주저하거나 수줍어하지 않는 성질.
> 예) 할머니는 장가든 이후부터 얼굴이 불긋불긋해지고 내뜰성이 생긴 몇 사람의 전례를 생각해보았다.(한설야,『탑』)

귀에 익은 단어의 이미지로만 가늠하자면 위에 제시된 사전적 의미와 '내뜰성'은 약간 거리가 있기는 하지만, 어떻든 직업적 관성을 발휘하여 이와 유사한 단어들을 찾아 '비빔밥'에 대한 해묵은 기억과 더불어 그 안에 어떤 일반성이 숨어 있는지 생각해보기로 한다.

①동물성, 식물성, 순수성, 경박성, 경향성, 금속성, 나약성, 독자성, 대담성, 적극성.
②마음성, 해바라기성, 암성, 수성, 덩굴성.
③붙임성, 믿음성, 사귐성, 죄임성, 우김성, 두름성, 귀염성, 어렴성.
④참을성, 견딜성, 지닐성, 내킬성, 내칠성, 내뜰성.

'-성(性)'은 말마따나 일부 명사 뒤에 붙어 '성질'의 뜻을 더하는 접미사이다. 그러니까 이 접미사는 일부 명사 뒤에 붙어서 그런 성질을 가진다는 의미를 만들어내는 단어 형성상의 일부 요소이다. 그래서 일차적으로는 일정한 성질을 가질 수 있는 명사에 붙는 게 일반적이다. 위의 ①, ②가 그러한 예인데, ①은 한자어, ②는 고유어 다음에 '-성'이 붙은 예이다. ①에서 '-성'은 자립명사인 동물, 식물, 경향, 금속 뒤에서는 '성질'로, 대체로 관형형 '-하다'와 어울려 쓰이는 순수, 경박, 나약, 대담 뒤에서는 '-한 성질'로, '-적'과 어울려 쓰이는 독자, 적극 뒤에서는 '-적인 성질'로 풀어쓸 수 있다.

한편 ②의 단어들에서 해바라기, 덩굴, 암컷, 수컷의 성질은 비교적 쉽게 그 의미가 파악되지만, 마음은 워낙 불투명한 의미의 덩어리라서 '마음성'이란 말의 의미가 쉽게 다가오지 않아서 그런지, 그것을 고스란히 한자로 옮긴 '심성'이란 단어가 그 자리를 차지하게 된 것 같다. 그래서 사전에서도 '마음성'에 대한 풀이는 '마음을 쓰는 성질'로 되어 있으며 서술어와의 호응 역시 '마음성이 곱다/마음성이 무던하다/그녀는 마음성이 비단 같다' 등의 용례를 제시하고 있다. 아마도 이 단어는 현대국어 화자들에게는 '마음씀씀이'로 풀어 사용되는 게 일반적인 듯하다.

하여튼 ①과 ②의 예들을 통해서 보자면 접미사 '-성'은 일부 명사에 붙어 성질을 나타내는 단어를 만드는 것이라고 일반화할 수 있다. 이런 바탕 위에서 ③에서처럼 붙이-, 믿-, 사귀-, 죄이-, 우기-, 두르-의 동사 어간들과 귀엽-, 어렵-의 형용사 어간들이 '-성'과 결합하게 되면, 일차적으로는 파생명사형 '붙임, 믿음, 사귐, 우김, 죄임, 두름' 그리고 '어려움>어렴, 귀여움>귀엽'의 형태를 우선 만들고 명사 자격으로 '-성'과 결합하게 된다고 할 수 있다.

   단어 형성의 원리는 그렇다 치더라도 사실상 몇몇 어휘들의 경우는 그 의미를 파악하기가 쉽지 않다. 비슷한 원리로 만들어진 단어라 하더라도 언중들이 각 단어의 의미에 갖는 친소관계에 따라 생사의 갈림길에 서 있는 듯하다.

- **죄임성** 어떤 일을 속으로 몹시 바라고 기다려 바싹 다그쳐지는 마음.
- **우김성** 잘 우기는 성질.
- **믿음성** 신뢰성.

  예) 아직 나이 젊지마는 동네 어른들도 한갑이를 존경하였다. 이를테면 살여울 동네에서 제일 **믿음성** 있는 사람이었다.(이광수, 『흙』)

- **두름성** 주변성.

  두름성이 있다/없다/좋다.

  예) 자기 아이들한테 누룽지 하나 챙겨주는 것도 섭섭지 않게 마음을 쓰는 등 세심한 **두름성**에 입이 벌어졌다.(송기숙, 『녹두장군』)

• 어렴성 남을 두려워하거나 조심스럽게 여기는 기색.

　'죄임성'은 그 의미가 불투명한데다가 이를 대체하기에 안성맞춤인 단어 '조바심'에 이미 밀려버린 것 같다. '조바심'이라는 단어는 '조'와 '바심'이 갖는 어원적 생동감, 즉 조를 타작할 때 조 모가지를 건들기만 해도 조들이 튕겨나가기 때문에 생기는 상황의 긴장성이 여전히 '조바심'의 단어 이미지 속에 남아 있는 점을 상기할 만하다. 그런가 하면 '믿음성'은 '신뢰성', '두름성'은 '주변성' 등의 한자어로 대치되어, ①의 한자 어휘의 조어방식으로 합류하는 경향을 보이는 듯하다. 그리고 '어렴성'과 '귀염성'은 비슷한 비중으로 쓰이지만, 상대적으로 '귀염성'이 '어렴성'에 비해 훨씬 친숙한 단어의 반열에 자리를 잡고 있다.

　이제 문제의 '내뜰성'과 같은 궤도에 올라 있는 ④의 단어들을 보자. 우선 단연 돋보이는 단어는 '참을성'이다. '참을성'은 의미의 선명성에서 두드러질 뿐만 아니라, 그로 말미암은 어휘의 생명력 또한 강력하다. '인내성'이라는 한자 어휘가 있지만, '참을성'은 그와 별개로 독자적 생명력을 지닌 채로 여전히 한국어 속에서 제 갈 길을 갈 것이 틀림없다. 그와 유사하게 '견딜성' 역시 '내구성'과 같은 의미를 갖지만 역시 그 나름의 생명력을 유지할 것으로 보인다. 그러나 그에 비해 나머지 단어들, '지닐성, 내칠성, 내킬성, 내뜰성' 등은 적절한 어휘 사용의 상황이 만들어지지 않는 한 자칫 그 생명을 잃을 수도 있는 위기에 놓여 있다고 할 만하다.

- 내킬성 일을 하려는 의욕이 강하고 적극적으로 밀고 나가는 성질.
- 내칠성 주저하지 않고 대담하게 내쳐서 하는 활달한 성질.
- 지닐성 아는 것이나 가진 것을 오래 지니는 성질.
- 내뛸성 허두의 설명 참조.

이들의 단어 형성원리는 동사 참-, 내키-, 내치-, 지니-, 내뛰-와 '-ㅁ'으로 만들어지는 파생명사형 자체가 낯설기 때문에, '-ㅁ'의 자리를 관형형 어미 '-ㄹ'이 대치하여 이루어지는 것으로 이해할 수 있다. 말하자면 '참-'의 파생명사형은 '참음'보다 '참기'가 우선하며, 그런 환경에서 파생명사형 '참음성'으로 단어를 만들기보다 '참을성'이란 형태로 만들어지는 것이다. 그러나 여전히 우리의 직관으로는 '지닐성'을 '지님성', '내칠성'을 '내침성'이라고 한들 별반 큰 차이를 보이지 않을 듯하다. 이 말은 '참을성'을 제외한 나머지 단어들은 언중들의 인식에서든 단어 형성의 원리상으로든, 그 위치가 여전히 불안한 상태라는 뜻이다. 이 단어들의 생사여탈권을 쥔 것은 물론 일차적으로는 언중들이다. '냅뛰-'처럼 일상의 어느 순간에서 어떤 형태로든 사용되고 있는 그 자체가, 단어가 생명을 유지할 수 있는 일차적 조건이다. 그렇지만 이런 단어들 가운데 상당히 많은 수가 언중들의 문자언어, 즉 의식의 수면 위로 올라서지 못한 상태라고 할 수 있다. 바로 이때 그 단어를 적소에 활자화해놓는 일 그 자체는, 그 단어에 생명을 확실하게 부여하는 중대한 행위이다. 그 중심에 소설가와 시인이 있다. 인간사의 어느 상황이든 표현 가능한 단어가 있다면 그것을 찾아서 활자화해놓는 일, 그 자체가 한국어의 말밭을 풍요롭게 하며 의식의 지평을 확장해내는 일임에 틀림없다.

겨울밤의 군입종, 싱건지 한 사발과 무수 한 조각

런던의 겨울은 밤이 참 길다. 오후 네시쯤 거대한 땅거미가 피어올라 꽃이라도 받치듯 서녘에 머문 노을과 그렇게 잠깐 아름다운 조화를 이루다가, 이내 기어이 저물어 그 바람 많고 기나긴 겨울밤을 맞는다. 내가 살던 집 뒤뜰에는 머리채 풀어헤친 것처럼 길고 가느다란 나뭇가지를 성기게 늘어뜨린 자작나무들이 조그만 숲을 이루고 있었다. 그래서 겨울밤 내내 몰아치는 비바람은 자작나무의 머리채를 휘둘러놓고 그 가지에서 이는 바람 소리는 그렇잖아도 서러운 이방인의 심사를 흔들곤 하였다. 바로 그렇게 '으짓잖은(의젓잖은)' 객창감에 젖을 때마다 나는 유년의 겨울밤을 사무치게 그리워하곤 하였다.

우리의 가옥 구조가 다 그러했듯이, 내가 살던 집도 기다란 부뚜막에 네모난 '부석짝(아궁이)'을 갖춘, 그리고 그 부엌에서 만들어지는 '훈짐(훈김)'으로 살아가는 전형적인 농가였다. 우리에게 가장 그립고 정겨운 풍경은 아마도 저녁연기 피어오르는 고향의 정경일 것인데, 그것은 '부석짝'에 불 지피고 저녁 준비하고 있는 어머니의 마음이 그 속에 배어 있기 때문이다. 초등학교 시절서부터 바깥 세상이 끝나기만 하면 달려와 안기던 어머니의 품, 부엌의 그 따스함으로 길들여진 우리다. 장년이든 노년이든 그 어느 남정네에게나, 동네 '입샅(어귀)'에 들어서기만 하면 묻어나는 저녁연기 속의 '밥내, 낸내(냇내)'는 딱딱하게 굳어 있던 심장의 피돌기마저 녹진거리게 만든다. 바로 그 부엌의 '훈짐'은 우리 모두에게 각인되어 있는 토종 정서의 원형이다.

겨울밤, 전라도의 겨울밤은 아랫목, 윗목, 사랑방의 정서가 각각 다르다. 유년의 나로서는 그저 장판 노릿노릿 눌어 있는 아랫목에 배 깔고 누워 할머니 이야기 듣는 일이 으뜸가는 호사였으며, 종종 옆집 아주머니들 마실 나와 '군입종(주전부리)'하는 재미도 싫지 않았다. 그런 겨울에는 '마룽(마루)'에 나가는 것조차도 '꺽정스런' 일이었지만, 그 '꺽정스러움'을 무릅쓰기만 하면 겨울밤 새중간에는 언제나 잊을 수 없는 상쾌한 추억들이 묻어났다. 그때야 가마솥에 밥 눋던 시절이라 '깜밥(누룽지)'은 지천이었고, 가끔 고구마 삶아먹거나 밤 구워먹는 일은 '마룽' 위에 디딘 발밑으로 얼음이 쩍쩍거릴망정 마다 않을 일이었다. 그리고 나서 살얼음 살짝 떠 있는 '싱건지(동치미)' 한 사발과 눈 쌓인 '무싯구데기(무 구덩이)'에서 방금 빼온 '무시' 조각을 순번 타서 받아 먹는 그 상쾌함은 다시 돌아갈 수 없기에 전설로 남을 그리움이다.

이제 그 아릿한 추억의 장면 속에 살아 있는 방언형들, '싱건지 한 사밭, 무수 한 조각'에 담긴 역사성에 관하여 공부하는 자세로 들여다보자. 싱건지는, 형용사 '싱겁다'가 관형형 어미 '-ㄴ'과 어울려 '싱거운'을 만들고 거기에 김치의 전라도 방언형 '지'가 어우러져 형성된 단어이다. 글자 그대로 '싱거운 김치'라는 뜻이다. 김치의 전라도 방언형 '짐치'는 중세국어 '딤치'에서 이른바 구개음화현상을 거쳐 '짐칙>짐치'로 변화한 형태이다. 그에 비해 표준어 김치는 '짐치'에 이물감을 느낀 서울, 경기 지역 사람들이 짐치의 변화 이전 형태로 잘못 찾아간 결과, 김치라는 발음을 유포시킨 데서 비롯된 형태이다. 이것을 국어학에서는 오분석(誤分析), 과도교정(過度矯正)이라는 용어로 명명하여 잘못 분석하거나 지나치게 분석하여 이루어진 형태들을 일컫는다. 짐치와 더불어 존재하는 '지'는 중세국어 '디히'에서 '디>지'로 'ㅎ' 탈락과 음절축약, 그리고 구개음화를 거쳐 만들어진 형태이다. 또한 지는 독립된 단어로 사용될 만큼의 자립성을 가지며, 앞뒤에 다른 단어를 거느려 '무수지, 싱건지, 짓거리' 등과 같은 효과적이고 경제적인 단어 형성의 중심에 서기도 한다.

'짐치'와 '지'는 언어 변화의 자연스러운 과정을 거쳐 지금껏 전라도 방언의 단어체계 속에 존재해오던 것들이었는데, 지금은 잘못 분석된 서울말 '김치'의 권위에 밀려 촌스럽다는 누명을 쓰게 됨으로써 그 결과 곧 그 삶에 종지부를 찍을 운명에 놓인 단어들이다. 이러한 과정과 운명은 표준어 '무'의 전라도 방언형 '무수' 역시 마찬가지다. 무수의 중세국어형 '무수'는 '겨슷 무수는 밥과 쑤이니'(『두시언해』 초간본 권

16, 70) 등에서 확인되는데, 중세국어 시기에 사용되던 'ㅿ'이 근대국어 시기에 서울, 경기 지역에서는 탈락하여 '무우'가 되었고, 전라도를 비롯한 경상도, 강원도 등지에서는 'ㅿ'의 음가가 살아남아 '무수' 혹은 '무시'가 된 것은 잘 알려진 일이다.

이러한 예들을 통해서 우리가 생각해봄 직한 일은, 방언은 이른바 자연언어, 즉 모든 인류가 일정한 공간에서 개인적, 사회적 삶을 영위하는 동안에 형성하고 사용해온 자연스러운 언어라는 점이다. 그러니까 방언은 궁벽한 시골 지역에서 곤궁한 사람들만 사용하는 이상하고 촌스러운 단어 몇 개가 아니라, 우리가 통상 언어라고 부르는 것이 모두 방언인 셈이다. 그런 의미에서 한국어는 국가의 통치와 교육을 위해 제정된 하나의 표준어 ― 그러므로 표준어는 규범언어이고 인공언어이다 ― 와 수많은 방언들로 구성되어 있는 것이다. 그리고 전라도 방언은 그 많은 한국어의 하위 변종들 가운데 하나이며, 그 나름의 완벽하고 독자적인 체계를 갖춘 언어이다.

인간에게 밤은 이성으로 무뎌진 감성을 회복하는 시간이며, 지친 영혼을 편히 쉬게 하는 시간이다. 그러나 아파트생활과 소가족 중심의 도시생활이 보편화된 요즈음, 우리의 밤은 밤으로서의 정서를 잃은 지 오래다. 길마다 가로등이 켜지고 거리는 온갖 조명들로 화려하게 치장한 채 잠들지 못하는 밤을 맞는다. 날이 추워질수록 사람들은 따스한 인간관계를 원하며, 그것의 품위와 깊이는 어쩌면 시간이 지나면 지날수록 그리움으로 남는 그 무엇일 것이다. 오늘 나는 나에게 그리운 정서, 할머니와 어머니, 그리고 부엌과 온돌로 이어지는 전통적 정서의 원형으로서 '싱건지 한 사발과 무수 한 조각'을 마련한 셈이다. 그 소중한 분들을 그리워하면서.

제 2 부

'여시코빼기' 콧잔등엔
아파트가 들어서고

이제는 돌아갈 수 없는 그 아련한 어린 시절의 고향을 생각하면, 자연의 넉넉한 품에서 들짐승처럼 뛰어놀던 그 피복쟁이 친구들이 보고 싶기만 하다. 돌이켜보면, 그리 오래된 일도 아니건만 너무 많은 것들이 변해서 이제는 기억 저편에 아스라이 남아 있는 추억의 한 자락일 뿐이다.

찌복쟁이 친구들

하늘 한켠에는 낮달이 버려져 있고
들찔레 넝쿨이 강아지처럼
땅을 헤집고 있는 강변
플라스틱 트럭으로 흙을 나르며 놀던
　　　　　― 오규원, 「들찔레와 향기」 중에서

오규원 시인은 시간이 멈춘 듯한 오후 한때, 흙장난하던 사내애와 계집아이가 마주 보고 쪼그리고 앉아 오줌을 누는 앙증맞은 몸짓을 떠올리고 있다. 시인은 지금 찔레꽃 향기 맡으며 강아지처럼 뛰놀던, 흑백사진 속의 시절을 기억해내고 있는 것이다.
　혼잡한 도심에서 벗어나 산과 들녘에 안기기만 하면 어느덧 영상처럼 떠오르는 아름다운 시절, 토방에 엎드려 하품을 늘어지게 하는 누렁이와 눈 부라리며 '깨금발 짚고(한쪽 발만 땅에 딛고)' 선 장닭의 위세가 낯익다. '비암때왈(뱀딸기)' 익어가고 '등어리' 벗겨지게 뜨거워질 즈음이면, 코 훌쩍이며 '도장밥(머리에 종기가 나서 두피가 하얗게 드러나는 병)' 이고 살던 친구들과 동네 앞 '또랑' 에서 '꾀 벗고(옷 벗고)' 미역 감던 게 일상이었다. 뒷산 상수리나무에 올라가 '땡끼벌(검정말벌)' 쫓으며 '둥게(풍뎅이)' 잡아다가 '마당쓸개'*하고, 땀냄새 풀풀 나고 '땟고장물' 송골거릴 때쯤 꾀 '할딱(모두)' 벗고 또랑에 뛰어들던 그 친구들이 그립다. 이제는 돌아갈 수 없는 그 아련한 어린 시절의 고향을 생각하면, 자연의 넉넉한 품에서 들짐승처럼 뛰어놀던 그 '꾀복쟁이 친구(어릴 적 함께 발가벗고 뛰놀던 친구)' 들이 보고 싶기만 하다. 돌이켜 보면, 그리 오래된 일도 아니건만 너무 많은 것들이 변해서 이제는 기억 저편에 아스라이 남아 있는 추억의 한 자락일 뿐이다. 우리는 어려웠지만 다정했던 그 시절을 거쳐, 최루탄 냄새 가득했던 시대의 한가운데를 가로질러, 이제 집집마다 자동차가 있는 풍요의 시대를 살아가고 있다.

그러나 그때 그 친구들의 모습은 세월이 흐를수록 그리워진다. 하도 '이무러서(이물감이 없어서)' 생각만 해도 반갑고 즐거운 말이 바로 꾀복쟁이 친구들이다. 가난이 까닭이지만, 우리는 그 시절 또래끼리 어울려 풍요로운 자연 속에서 뛰놀 수 있었다. 급변하는 세월 속에서도 우리가 여전히 인간적이고 또 자연의 품을 그리워하는 것은, 바로 사람의 정

---

* 풍뎅이 다리를 자르고 목을 서너 차례 돌려 땅바닥이나 마루 위에 내려놓아 풍뎅이가 등을 바닥에 댄 채 날갯짓을 하게 하는 놀이.

을 가장 순수하게 나누던 꾀복쟁이 친구들과 그 풍요롭던 자연이 있었기 때문일 것이다. 언젠가 택시를 타고 집에 가는 도중 꾀복쟁이 친구가 지나간다며 택시 잡아드릴 테니 그것 타고 가시면 어떻겠느냐던 택시 운전사를 바라보며, 덩달아 기분이 좋아지던 일이 생각난다.

바로 이 '꾀복쟁이'라는 말이야말로 '꾀 벗고' 뛰어놀던 어린 시절의 정서를 가장 잘 나타내는 어휘가 아닐 수 없다. 이 표현은 전라도 사람에게 너무나 친근하다. 그래서인지 이 어휘가 국어사전에 실려 있지 않다는 것이 오히려 이상하게 느껴진다. 그러나 다른 지역 사람들은 그 말이 무슨 뜻인지 알지 못한다. '꾀 벗다'나 '꾀복쟁이'는 엄연히 전라도 사람들만의 것이다.

만약, 전라도 사람에게서 '꾀복쟁이'의 정서를 빼버린다면 그 허전함을 어떻게 채울 수 있을까. '꾀복쟁이 친구'를 한자어 '죽마고우'나 표준어 '소꿉동무'로 바꾸어보아도 어쩐지 제 맛이 나지 않는다. 죽마고우(竹馬故友)라는 말은 대나무로 말을 만들어 타고 놀던 어린 시절의 친구를 말하는데, 그 말을 듣고서는 친구와 함께 나눈 추억들이 떠오르지 않는다. 죽마고우는 배워서 안 말이고 꾀복쟁이 친구는 몸으로 부대끼며 써온 말이기 때문이다.

'꾀복쟁이'는 대체로 남성들의 정서에 어울리는 반면, '소꿉놀이'는 여성들의 정서와 추억을 담고 있다. 그러나 소꿉놀이도 '까끄매기' '빠꿈살이'로 표현될 때, 제 맛을 느낄 수 있다. 탱자나무 울타리 아래서 '새금파리' 줏어다가 납작헌 '돌팍'에다 '시금풀(괭이밥)', 토끼풀 얹어놓고 쩛고 까불며, '여보, 당신' 하던 그 '애덜딸' 은 지금은 다 어디서 살고 있는지.

'쾨 벗다' 는 어쩐지 '남사시런' 데가 있는 어휘이기도 하다. 춘향이와 이도령이 첫날밤 합궁을 하는 광경 어디쯤에 있을 법한 '쇠를 버셔난듸' 가 그렇고, 구수한 이야기 보따리 속에 등장하는 어휘들의 쓰임새가 또한 그러하다.

냄편이 생전 방에를 안 들어온게, 끈을 벗고 이를 잡았드래야. 여자가 끈을 벗고 이를 잡다가 냄편한테 들킸거든. 마누래가 쾨를 벗고 이 잡는 것을 본게로, 백옥 같은 살에 두껍이 같은 몸뗑이가 요조숙녀거든.

아, 늙은 양반이 여름 돌아오먼 마루 끄터리에다 문발을 딱 쳐놓고는 더웁다고 쾨를 할딱 벗어. 마룽에 앉아서 더웁다고 말여.

허물없는 친구, 부부지간에야 '쾨 벗는' 게 오히려 다정스러울 수 있지만, 사람 많은 데서 '남사시랍게' 함부로 벗어대는 일이야 그다지 반가운 일은 아니다. 어떻든, '쾨 벗다' 란 어휘는 이미 오래 전부터 전라도 사람들의 삶과 정서를 담아내며 우리 곁을 지켜온 살가운 말이다. '쾨 벗다' 는 표준어 '발가벗다' 에 대응될 성싶다. 그러나 '발가벗다' 는 '쾨 벗다' 만큼 다정하고 정겹지 않다. '쾨 벗다' 라는 말 속에는 소박하고 은근한 맛이 있는데, '발가벗다'는 어쩐지 너무 많이 벗어버린 듯한 느낌이 든다. 가령 위에서 제시한 예문들에서 '꾀를 벗다'를 '발가벗다'로 바꾸어보면 어쩐지 흉한 느낌이 들게 되는 것이다.

　각 지역에는 그 나름의 정서가 있으며, 사람들이 사용하는 말을 잘 살펴보면 그 숨결을 느낄 수 있다. 그 숨결을 다른 지역의 말이나 표준어로 드러내기는 어려운 일이다. 전라도가 자신의 '탯자리(태를 묻은 자리, 즉 태어난 곳)'이고 '쌈터(어려서 싸움질하던 자리, 곧 성장한 곳)'인 사람들에게는 전라도 말이 '어찌내저찌내 히도 젤로' 편할 수밖에 없다. 말에 담긴 정서를 이해하고 그 말에 자긍심을 갖는 것이야말로 자신의 삶을 이해하는 기본적인 태도가 아닐까.

'여시코빼기' 콧잔등엔 아파트가 들어서고

　우리 동네 '여시코빼기'는 산의 지형이 여우 주둥이와 닮았다고 해서 생긴 이름이다. 그 주둥이의 '바른짝 모팅이'에는 마천(馬川)이 있고, 그 '외약짝(왼쪽)' 동네가 바로 여시코빼기이다. 안좌리 들녘에 '한물이 쪄서' 수재민이 된 마을 사람들을 이끌고 이곳에 정착을 하셨다는 할아버지께서는 마을 이름을 태평리라고 지으셨지만, 우리는 어쩐지 '여시코빼기'가 더 재미있고 친근했다. 동네와 신작로 사이에는 텃논이 있었고 신작로 너머 들녘도 온통 논이었는데, 아무리 걸어도 걸어온 만큼보다 훨씬 더 먼 들녘이 저 멀리 두툼한 산 어깨가 스카이라인을 그려놓는 곳까지 펼쳐져 있었다.
　그 시절의 여름날은 '모종(모정)'에 둘러앉아 '이약이약(이야기)허는' 게 피서였다. 여름은 밤이 더 좋았다. '피사리' 나갔던 아저씨들이 '또랑가상(도랑가)'에서 삽을 씻을 무렵이면 뒤안 '귀뚝(굴뚝)'에서 저녁연기가 모락모락 피어올랐다. 그런 풍경이 그림처럼 펼쳐질 즈음이면 으레 아이들 부르는 소리가 신작로 '가상(가)' 까지 들리지 않았던가. 집에는 날 저물어야 들어가는 것으로 알고 자랐던 어린 시절, 흙범벅이 된 몸뚱아리 싳을(씻을) 생각도 않고 밥상머리로 뎀벼들다가 어머니의 부지깽이 성화에 못 이겨, '두룸박 시암(두레박 샘)' '작두 시암'으로 달려가 얼른얼른 손발 씻고 밥상머리에 다가설 즈음, 할머니는 마당 쓸어 모아놓은 '지푸락(짚)' 이며 보릿대, 잡초 나부랭이를 더미로 모아 '모곳불(모깃불)' 을 피워놓으신다. 쉽게 탈 것 같지 않은 그 모곳불은 매캐한 연기를 피워올리고 그 곁에 대나무나 널판때기로 짠 평상 위에 가족들이 둘러앉는다.

  평상에 놓이는 저녁 밥상은 꽁보리밥에 된장국, '푸성가리' 에 '꼬창종지래지(고추장 종지)' 가 전부였다. 봄철 같으면 '돈너물(돌나물), 싸랑부리(씀바귀), 취너물' 등 온갖 '남새(나물)' 가 입맛을 돋우는데, 철이 깊어지면서는 '고닥새(금방)' 남새 이파리도 '쇠아' 버린다. 그래서 여름 밥상은 어느 철보다 가난하다. 입맛 없을 때는 양은 주전자에까지 찬 기운이 감도는 시원한 찬물 한 사발에 밥 말아 먹으면 속까지 다 개운하였다. 저녁상을 물리고 나서도, 타닥타닥 연기를 피워올리는 모곳불과 그 곁의 평상마루는 한낮의 땡볕 더위를 식히는 청량한 공간이었다. 단내 때문인지 애들은 유독 모기를 많이 타고 그때마다 할머니는 아이들의 몸을 여기저기 부채로 툭툭 치시며 모기 쫓기에 사뭇 분주하셨다. 부채라고 해야 '비료 푸대' '회푸댓종오(종이)' 로 만든 것이 보통이지만, 모기를 쫓아주시는 할머니의 무릎을 베고 총총한 별밤을 바라보며 옛날이야기를 듣던 그 밤은 유년의 정서를 무르익게 하던 중요한 추억이었다.

할머니의 이야기를 듣는 동안, 나는 이야기 속의 온갖 정경을 떠올리며 상상의 세계로 몰입하곤 하였다. 불에 타 죽을 뻔한 구렁이가 자기를 살려준 선비에게 은혜를 갚겠다며 선비를 구렁이 굴로 데려갔다는 부분에서는, 코끼리도 드나들었을 법한 커다란 구멍을 떠올리며 그 구멍으로 구렁이와 선비가 들어가는 모습을 상상하였다. 그 구렁이가 선비에게 건네주었다는 호리병 세 개에 대해서는, 당시에 떠올렸던 그 모양새를 지금도 생생히 기억한다. 그래서 나는 '불구덩이서 목숨 건진 구렝이'를 비롯하여 '구렁덩덩 시 선부(새 선비)' '똥을 된장으로 착각한 할머니' 이야기 등을 떠올리며, 유년 시절 내 상상력의 중요한 원천이었으며 지금 생각해도 완벽하게 순수했던 할머니의 이야기 사랑을 만난다.

밤이 이슥하여 한낮의 훈짐(훈김)이 사그라들 때면 마당에 펴놓았던 평상에서 방으로 자리를 옮긴다. 방에서야 모기장을 쳐 모기의 공격을 막아내지만, 가끔씩 모기장 속까지 모기가 들어온 날이면 불 '쓰고(켜고)' 모기를 잡아야만 했다. 침침한 불빛에서 앵앵대는 모기를 잡아내기란 쉬운 일이 아니었다. 그래서 할머니는 모기장을 치고 나서 아이들을 방으로 데려오기 전에 방문을 닫고 '푸마끼'를 풍겨놓으셨다. '푸마끼'는 병에 담긴 모기약에 T자 모양의 대롱을 꽂고 입김을 불어 뿜는 방식의 모기약이었다. 그 역시 쉽지 않은 일이어서 큰방 작은방 여기저기 푸마끼를 뿜어대고 나면 머리가 핑 돌 정도였다. 그것도 점차 편리한 방식으로 바뀌어, 손잡이를 잡고 아귀를 쥐락펴락해서 사용하는 것에서 둥근 통에 모기약이 담기고 그것을 펌프질로 뿜어대던 방식으로 변하였다가, 이제는 손가락 하나로 가볍게 눌러서 사용하는 것으로 정착되었다.

밤잠 없는 청년들은 부채 하나씩 들고 '철방다리(찰방다리)'로 마실을 나가기도 하였다. 여시코빼기 앞 '또랑물'은 마천을 지나 만경강으로 흐르는 물줄기와, 철방다리 수문을 지나 수리조합 쪽으로 흐르는 물줄기로 나뉜다. 철방다리 수문은 콘크리트 구조물에 수문이 다섯 개 달려 있었고 수문 위에는 수문을 여닫는 철근이 새까만 기름으로 범벅이 되어 있었다. 사실 철방다리 수문은 그저 보기에도 '우악시랍게' 생긴 곳이다. 방천보다 두 길은 높이 솟아 있어서 모기도 별로 없는데다가 적당히 데워진 콘크리트 바닥에 앉아 시원한 바람을 즐기기 좋은 곳이기는 했으나, 어린애들이나 처음 이곳을 찾는 사람들은 아예 으스스한 기분마저 드는 곳이었다.

수문을 넘어 수리조합 쪽으로 흐르는 물줄기는 또랑물보다 훨씬 넓고 깊었다. 이곳에는 '시암짜리(샘 자리)'가 있었는데, 말 그대로 바닥에서 샘물이 솟아나는 자리라고들 하였다. 걸음마를 시작할 때부터 또랑물과 더불어 자란 아이들이지만, 시암짜리에서는 긴장하지 않는 아이가 없었다. 그도 그럴 것이 여름에 그곳을 지나다보면 물의 온도가 갑자기 낮아져서 소름이 돋기 때문이다. 간 큰 녀석들이 종종 그곳까지 가서 바닥을 확인하려 했지만 아무도 바닥을 확인하지는 못했다. 얼음이 꽁꽁 얼 때에도 시암짜리만큼은 살얼음만 얼었다. 그런 곳에는 으레 귀신이 있었다. 시암짜리 처녀귀신의 흐느낌에 아이들은 이불을 뒤집어쓰고, 여시코빼기의 밤은 그렇게 저렇게 깊어가곤 하였다.

다시는 돌아갈 수 없는 시간의 벽에 기대 서서, 그립고 아쉬운 그래서 더 아름다운 유년의 기억들, 그러나 이미 망각의 강에 가라앉은 세월의 조각들을, 코 묻은 어휘를 드리워 하나씩 하나씩 낚아올린다.

개바지, 털신 한 커리의 망우리 전사들

시간의 화살을 돌려 과거 어느 순간으로 되돌아갈 수 있다면, 나는 주저 없이 유년의 한때를 선택할 것이다. 저녁상 물리기 무섭게 방문을 열면, '달달 무슨 달 쟁반같이' 둥근 달이 둥더덩 떠오르고, 까만 장막 같은 어둠 속에서는 하얀빛마저 감도는 그 샛노란 불꽃들이 여기저기 둥근 원으로 떠돌고 있다. 아, 가슴 설레도록 찬란한 그 대보름 '망우리(쥐불놀이)'가 이미 시작된 것이다. '말캉(마루)' 밑에 고이 숨겨두었던 불깡통의 철사줄이 손에 잡히기 무섭게, 헛간으로 달려가 관솔 다발에 '지푸락' 한 다발까지 아름 터지게 부둥켜안고 띈다.

눈도 참 많이 왔고 얼음도 퍽 두껍게 얼던 그 겨울의 한복판에서도, 우리는 결코 온돌방에 이불 덮고 앉아 있을 새가 없었다. 눈만 떴다 하면 산으로 들로, 어떤 때는 읍내 장터까지 샅샅이 뒤지고 다녀야만, '뺑이', 연, '안즐개(썰매)', 굴렁쇠 만들기가 가능했기 때문이다. 그리하여 어렵게 구한 재료들을 모아 이것저것 만들다보면 서툰 연장 다루기 덕에 손등 깨지고 발등 터지기 일쑤였지만, 그것들은 너나 할 것 없이 '망우리(망월)' 전사들의 겨울나기에서 없어서는 안 될 중요한 문화적 도구였다. 자치기, '못치기' 까지 연원을 알 수 없는 그 다채롭던 또래문화를 '성아(형)' 들로부터 계승, 향유하기 위해 우리는 그저 경건한 자세로 그 일에 몰두할 따름이었다.

　망우리 전사들은 '또랑가상(도랑가)'에다 장작불을 피우고 놀았다. 스케이트 타다가 손발이 시려오면 장작불로 모여들어 뻘겋게 언 손발을 불에 녹이곤 하였다. 그 '시망시란' 친구들이 스케이트도 그냥 탈 리 있는가. 대여섯 줄로 늘어서 누가 빨리 달리는지 시합을 하기도 하고, 수심이 깊고 물이 솟아나 얼음이 낭창낭창한 곳을 골라 '기언시(기어이)' 통과해야 직성이 풀려 밀고 당기고 품앗이로 놀다보면, 얼음 위에서 뒹굴고 자빠지기가 그저 밥 먹는 일만큼 흔할 수밖에 없었다. 그리하여 방한복이라고 해야 나일론 양말에 '개바지, 개샤쓰'에다 털신 한 '커리(켤레)'가 전부인 그들에게, 장작불은 구원의 빛이 아닐 수 없었다. 그러나 그것도 찰나, 손발이 좀 녹녹하게 녹아들어 젖은 양말과 옷가지에서 모락모락 김이 피어나는가 싶은 순간, 나일론 소재의 양말과 옷은 불에 녹아 뻣뻣하게 굳어버리고 급기야 구멍이 나곤 하였다. 어렵게 마련한 그 방한복들을 허망하게 불로 태워놓은 아이들은 집에 돌아가 어머니께 당해야 할 된서리 매운 맛을 한 번씩 돌아가며 다 본 까닭에, 너나 할 것 없이 "어어, 큰일났네"를 주술처럼 되뇌고 급기야 한편에서는 울음을 참지 못하곤 하였다.

그러다가 꼭 밥때가 되면 집집마다 아이들 부르는 소리가 동구 밖까지 들렸다. "아무개야, 아무개야 밥 먹어라." 그게 신호다. 아이들은 너나 할 것 없이 집으로 들어가고 점심상 물린 후에는 다시 팽이채 하나씩 들고 고샅 공터로 모인다. 팽이치기도 성질대로 한다. 어떤 녀석은 팽이 가장자리에 자전거 체인을 거는 톱니바퀴를 끼워서 치기도 하였는데, 이게 한번 나타나면 다른 집 아이들도 어떻게든 그걸 구해다가 쳐대니 여기저기서 불이 튀곤 하였다. 동네 고샅고샅을 '도롱테(굴렁쇠, 그밖의 전라도 방언형으로 둥굴테, 똥굴패 등이 있음)' 궁글리며 뛰어다니는 치, 혹 트인 '논두덕'에 서서 연을 날리는 치, 겨울볕 따사로운 점동이네 '담우락'에 붙어서 못치기하는 치들이 그렇게 낮시간을 보내고, 그 밤 내내 현란한 망우리의 전사가 되어 일전을 불사하는 날이 바로 정월 대보름밤이다.

허허벌판 가운데 자리를 잡기도 하고 미리 봐둔 둔덕 위에 자리를 잡기도 하여, 마을마다 온통 망우리가 한창이다. 쉭쉭 소리를 내며 깡통에 뚫어놓은 구멍 사이로 흠뻑 바람 먹은 불들이 뿜어져나오고, 그러다 흥에 겨운 몇몇은 하늘 높이 그 불깡통을 날리곤 한다. 삼백예순 날 가운데 그날만큼 화려하고 흥겨운 밤이 또 있을까. 그날 달이 그렇게 커다랗게 뜨는 까닭도 하늘에 계신 수많은 혼백들이 그 장관을 즐기기 위해서인지도 모른다.

망우리로 한창 흥이 돋고 불깡통의 불티만큼이나 힘이 솟아날 무렵,

'우아래' 동네의 망우리 전사들은 불깡통의 남은 불씨를 잘 추슬러 일전을 대비한다. 해서 불깡통으로 원을 아껴 돌려가며 시나브로 방천길을 따라 다가선다. 깡통을 던져 상대편에 닿을 만큼의 거리에 오면, 누구누구 할 것 없이 이짝저짝의 공중에 불깡통과 돌멩이들을 불량하게 날린다. 불똥이 튀어 옷가지에 구멍이 나고 돌멩이에 맞아 머리가 깨지는 경우도 있지만, 그게 전부다. 간혹 더 패싸움을 벌이는 경우도 있지만 그저 서로 봐줄 만큼 때리고 맞는 게 고작이다.

누가 시켜서 그런 것도 아니요, 특별히 그 동네가 미워서도 아니다. 우리의 할아버지들이 그랬고 아버지들이 그러했던 것처럼, 우리도 그저 그렇게 해왔던 것이다. 말하자면, 망우리 전사들이 누렸던 수많은 놀이들은 수천 년 동안 면면히 이어왔던 우리의 놀이문화요, 한국 사람이면 누구에게나 가장 그리운 유년의 정서였다. 그리고 그와 관련된 방언들도 그저 그러한 놀이들을 누리면서 체득해온 명명방식인 셈이다.

'망우리'라는 말은 '망월(望月)', 그러니까 보름달 달맞이라는 뜻을 가진 한자어에 접미사 '-이'를 붙인 형태이다. 엄밀한 의미에서 망우리는 대보름 달맞이를 의미하며, 논두렁 밭두렁에 불을 놓거나 깡통에 불을 담아가지고 노는 행위는 쥐불놀이이다. 그러나 우리에게는 통상 망우리가 곧 달맞이며 쥐불놀이였다. 게다가, '뼁이, 뼁이채, 연자새(얼레), 도롱테, 칼 스케이트' 등등은 서너 살 많은 형들이 노는 것을 쿠사리 먹어가며 배운 결과이며, 동생들 또한 그러한 방식으로 말과 행위를 동시에 체득해왔던 것이다.

그런데 지금 우리 아이들은 그 유장한 우리의 놀이문화마저 사장시키고 있는 것은 아닌가. 얼음판에서 뒹굴고 들과 숲을 뛰놀며 건강한 삶을 몸으로 배우는 유년의 놀이문화들을 컴퓨터에 빼앗기고 어쭙잖은 공부에 밀려, 몸만 커지고 머리만 약삭빨라진 아이들로 자라는 것은 아닌가, 그리하여 우리 아이들이 또 우리만큼 나이를 먹은 후에 가지고 있을 유년의 정서는 과연 무엇일까를 한 번쯤 생각해볼 일이다.

이번 명절에도 고향에 돌아가면 세월의 때는 조금 묻었을망정 나와 같은 정서를 가진 '꾀복쟁이 친구'들을 만나게 된다. 나와 그들을 이어주는 가장 중요한 끈은 그때 그 망우릿날 아랫동네 아무개와 한판 붙었던 이야기이고, 줄 끊어진 연이 아까워 어디까지 쫓아갔던 이야기이다. 올 명절에도 마을마다 사랑에 모여 밤이 이슥하도록 술잔 기울이며 자연 속에서 살아온 사람들의 정취가 이야기꽃으로 다시 피어날 것을 상상하며, 나이듦의 안타까움을 말하던 분들의 얼굴을 그려본다.

살아생전에 올기심니 몇번이나 헐지 몰르겄네

　점동이, 명선이, 현순이 누나, 탱자나무 울타리 기다란 골목길에 서서 '올기쌀(올벼쌀)' 꺼내 먹으며 손가락셈으로 추석을 기다리던 그때, 그 고소한 올기쌀은 즐거운 '군입종(주전부리)'이었다. 그땐 몰랐다, 올기쌀이 왜 추석 무렵에 내 '봉창(주머니)' 속에 들어 있어야 하는지를.
　『한국민족문화대백과사전』도 떠들어보고 민속학 관련 책들도 들추다보니, 그 '올기쌀'은 '올기심니(올벼신미)'라는 것과 관련되어 있음을 알게 되었다. 『한국민족문화대백과사전』에 올기심니는 벼를 비롯한 수수, 조, 옥수수, 감자 등을 통칭하여 그해 거둔 첫 곡물을 조상신께 천신하는 민속신앙이라고 설명되어 있다. 전북 평야 지역에서 올기심니는 주로 쌀농사에 한정된다. 그러니까, 예전에 조상님 음덕으로 평안하다고 여기던 시절, 처음 거둔 곡식은 먼저 조상님께 천신하는 게 도리라고 여기던 시절, 나락이 아직 다 여물지도 않은 바로 그 무렵, 나락을 손으로 훑어 오쟁이에 담아와서 나락째 솥에 볶거나 쪘다가 말려 다시 절구로 찧어놓은 쌀을 '올기쌀'이라고 한다. 이 쌀은, 손 없는 날을 받아 윗목에 제사상을 차려 조상신께 천신하고 나머지 농사도 잘 마무리되게 해달라고 비는 데 소용된다. 이런 일을 전라도 사람들은 '올기심니'라고 한다.

'올기심니'의 표준어형은 '올벼신미(新味)'이다. 표준어를 가지고 보자면, 올기심니는 결국 '일찍 여문 벼로 지은 밥을 새로 맛보다'는 의미라고 할 수 있다. '올벼쌀'은 지역에 따라 '올베쌀, 올예쌀, 올여쌀, 올게쌀, 올기쌀' 등으로 불린다. 전라도 지역에서 '올기쌀'로 불리는 것은, 표준어형 올벼쌀의 'ㅂ'이 'ㄱ'으로 바뀐 것과 'ㅕ'가 'ㅔ>ㅖ>ㅣ'의 변화과정을 겪은 결과이다. 전라도 말에서는 ㅂ과 ㄱ이 서로 뒤바뀌는 경우가 종종 있는데, 재미있는 예로 '거품'의 방언 '버큼'이 있다. 거품[kəphum]의 k와 p, 그러니까 ㄱ과 ㅂ의 자리를 바꾸면 버큼[pəkhum]이 된다. 또한, 새우의 방언형 '새오, 새비, 새웅개, 새뱅이, 새갱이' 가운데, '새뱅이'와 '새갱이'의 관계도 ㅂ이 ㄱ으로 대체된 예이다. 이런 방식으로 '올벼쌀'도 전라도 지역에서 '올겨쌀'이 되고, 그 후 '올게쌀>올기쌀' 등의 변화를 겪은 것으로 보인다. 다른 지역에서는 ㅂ이 약화되어 '올여쌀'이 되기도 했는데, ㄹ 받침 뒤에서 ㅂ이 약화되는 것은 중세국어 시기의 변화이다.

전북 소양면과 동상면 할머니, 할아버지들께 지나는 말로 '올기심니'를 여쭈니, 참 신기하게도 책이 따로 없다. 어쩌면 그렇게 구구절절 살아온 이야기를 풀어내시는지. 책 속의 이야기는 죽은 이야기, 할머니의 이야기는 산 이야기다.

"아이, 정필 노매(정필 엄마), 이 냥반이 올기심니를 물어보네, 참말로. 지금은 올기심니허는 사람 한나도 없어. 믿는 사람덜언 믿는 사람덜끼리 통헌게. 그나지나 나 살아생전에 올기심니 몇번이나 헐지 몰르지만, 올 명얼에는 추석날 올기심니 한 번 히야겠어. 우리 만수는 그렁 거 참 좋아혀. 장남이라 달릉개벼."

"할머니 그나지나, 풋바심은 뭐래요?"

"어, 그거는 음력 칠얼이 먹을 것이 읎잉게 허능 거여."

"할머니, 개미 지나가는 자리까장은 못 히도 조깨 자세히 말씀허시야 지가 알어듣지요."

"머더게, 그렁거 알어서 어따 쓴댜."

"우리 조상님들 어떻게 살아오셨는지 요즘 아그들이 뭣을 알겄어요. 그렇게 잘 배워서 냉기놔야 우리 조상님 고생허신 이야기 철들어 알잖겄어요?"

"그려, 그렇지. 펭난 지내고 말여."

"할머니 펭난이 머래요?"

"응, 해방된 것을 옛날이는 펭난, 평난(平難)이라고 힜어."

"아, 아, 그뤘고만요잉."

"펭난 지내고 참 심들었어. 버릿고개는 알겄고. 음력 칠얼이 미처 여물든 않고 먹잘 것이 없잉게, 풋놈 미리 먹는단 뜻여. 풋바심이 그 거여."

"버리도 떨어지고, 짓거리도 없응게, 논이 가서 나락 한 뭇 비어다가 홀테(그네)로 훑어서 솥이다 쪄서 말려갖고 도고통(절구통)으다 찧으면 그것이 올기쌀. 더 풋것은 싸래기여, 싸래기는 맷독(맷돌)으다 갈아서 죽을 쑤어노면 그것은 풋바심."

"해거름 무렵으 올기심니를 허는디, 그것 끝나믄 윳찌리(이웃끼리) 불러다 다 노나 먹어."

참 곰살가운 이야기들이다. 올기쌀, 올기심니의 '올-'은 재밌는 말이 아닐 수 없다. 그러니까, '올-'은 '늦-'의 상대적인 개념이다. 철보다 일찍 익은 열매는 '올밤, 올대추, 올벼, 올콩' 이고, 철 늦게 익은 열매는 '늦밤, 늦대추, 늦벼, 늦콩' 이다. 어떤 글에선가 '늦깎이'의 반대로 '올깎이' 라는 말을 사용한 예가 있었는데, 이런 경우도 '올-'을 알고 있는 사람들에게는 매우 분명한 의미로 전달될 수 있다. 이러한 단어는 기억해두었다가 적절한 상황이 주어지면 의도적으로라도 사용해봄 직하지 않은가.

그런데, 왜 하필, 추석은 아직 농사도 끝나지 않을 때 지내는 것일까. 널리 알려진 바와 같이, 추석의 다른 명칭인 '가위'의 유래는『삼국사기』의 처음 몇 페이지를 넘기다보면「신라본기 제1 유리 이사금 9년조 新羅本記 第1 儒理 尼師今 9年條」에 '길쌈내기' '회소곡' 과 관련하여 상세하게 설명되어 있다. 가위는 『삼국사기』의 가배(嘉俳)에서 비롯된 말로, '가뷔>가외>가위'의 변화를 겪은 것으로 추정된다. 『삼국사기』에 따른다면, 가배는 길쌈내기가 끝나는 날로 이날에는 내기에서 진 편이 술과 음식을 마련하여 이긴 편을 치하하고 모두 더불어 노래하고 춤추고 온갖 놀이를 즐긴다. 그야말로 모두가 참여하는 축제 마당인 셈이다. 그리고 보면 추석은 참 오래된 명절이다. 유명한 고려가요 「동동動動」에도 "팔월 보르문/아으 嘉俳나리마른/니믈 뫼셔 녀곤/오놀낤 嘉俳샷다/아으 動動다리"라고 적힌 것으로 보아 고려시대에도 추석 명절이 있었다. 조선시대에도 연중행사인 설, 한식, 중추, 동지 가운데 설과 동지는 혹 지내지 않은 경우도 있었으나 한식과 중추는 성대히 치렀다고 하며, 그중에서도 중추를 더 풍성하게 지냈다고 한다. 그런 것으로 보아 추석은 우리 민족의 대표적인 고유 명절임에 틀림없다.

그럼에도 불구하고 추석 무렵만 되면, 추석이 다른 해보다 빨라 제수용품 값이 오른다는 식의 기삿거리를 종종 본다. 실제로 대부분의 추석은 곡식을 추수하는 시기보다 빨라 곤란을 겪는 수가 많다. 엄밀한 의미에서 추석은 추수감사를 드리기에 절기가 너무 이르다. 그도 그럴 것이 고구려 동맹이나 예(濊)의 무천 등의 추수감사제는 10월에 치러졌다. 음력 10월이면 농사를 마무리할 수 있는 시기여서 몸도 마음도 가장 풍요롭고 한가한 때이다. 농경사회에서 7월 백중은 '호미씻이' '술멕이'라고 하여, 농사를 일단 정리하는 시기이다. 해서 이날 동네잔치를 열고 농사지은 사람들을 위로한다. 그러니까 추석이 있기 바로 한 달 전에

이 행사가 치러진다. 술멕이 이후에는 늦여름, 가을볕에 씨알이 튼실하게 익기를 기다리면 된다. 그러나 추수 때까지는 마음을 놓을 수 없는 일이다. 합리성으로 따진다면 추수까지 마무리된 10월 즈음에 추수감사제가 있어야 하는데, 왜 하필 8월 보름에 추수감사제를 지내는 것일까. 신라가 삼국을 통일한 것과 어떤 연관이 있는 것인가. 일본의 승려 엔닌(圓仁)이 쓴 「입당구법순례행기入唐求法巡禮行記」에 따르면, 8월 보름에 명절놀이를 하는 민족은 신라인들뿐인데, 이날이 신라가 발해와 싸워 이긴 기념일이기 때문이라고 한다. 추석 또한 결국은 살아남은 자의 역사인가.

　'올기쌀' '올기심니' 그리고 '풋바심', 그 애틋한 추석 정서가 불과 삼십 년 전 이야긴데, 마치 호랑이 담배 먹던 시절의 이야기처럼만 들린다. 까닭이야 여하튼, 돌아가시고도 눈 번히 뜨고 계실 조상님들, 살아서 귀한 피붙이, 이웃사촌들, 그 따뜻한 훈짐들을 이번 명절에도 지나칠 만큼 즐겨볼 일이다.

으멍헌 괴앵이 부뚜막으 모냐 올라간당게

　1960, 70년대 혹은 그 이전에 유년기를 보낸 분들에게 '정지'와 '부석짝'이라는 단어는, 듣기만 해도 유년의 아득한 추억 속으로 빨려들게 하니까 마치 과거로 떠나는 시간여행의 단추 같은 어휘다. 8월 보름 즈음이면 이 정지와 부석짝은 유난히 바빠진다. 부뚜막, 찬장, 물항(물항아리), 나뭇간, 실경(시렁), 부지깽이도 정지와 더불어 떠오르는 소품들이다. 어느 것 하나 추억이 묻어 있지 않은 게 없지만, 오늘은 '정지'라는 말과 '부석짝'이라는 말에 관하여 생각해보기로 한다.
　정지는 함경도 지방에서는 겹집에 있는 '정주간'을 말한다. 정주간(鼎廚間), 그러니까 솥을 걸어두고 음식을 하는 공간을 말한다. 어떻든 표준어로 하면, 정주간은 부엌에 해당하는 곳이겠다. 그러나 함경도 사람들은 이곳을 방처럼 만들어서, 이곳에서 손님도 맞이하고 온 가족들이 식사도 하며 잠을 자기도 하는 중요한 방으로 사용했다. 이것이 강원도, 경상도, 전라도 등지로 내려오면, 음식을 만드는 공간으로 그 기능이 한정되고 발음도 '정지' 혹은 '정제' 등으로 변한다. 알타이어에서는 '정지'를 [chŏngji]라고 하는 것을 보면 알타이어와 전라도 말이 더 닮아 있고, 정주라는 말 역시 한자어에서 비롯된 것이라기보다 오히려 알타이어를 한자어로 비슷하게 바꾸었을 가능성도 배제할 수 없다.

부석짝은 중세국어 시기에 '브섭, 브석, 브섭' 등으로 나타나는데, 이는 '븟'에 '-업, -억'이 합해진 말이다. 중세국어 븟은 지금의 '불'과 관련되어 있는 단어이다. 또한 부석짝은 '브섭'에 '짝'이 붙어서 된 말이다. 표준어에서의 '부엌'이라는 말도 브섭에서 변화한 말이다. 그러니까 브섭은, 엄밀하게 말해서 표준어의 부엌으로 의미가 확대되기 이전에는 불을 지피는 공간이라는 의미가 있었던 것이며, 그것이 전라도 방언에 여전히 남아 있는 것이다. 즉 전라도 말 '정지'는 표준어 '부엌'에 해당하고, '부석짝'은 '아궁이'에 해당한다. 표준어 아궁이는 '악+옹이'의 결합으로 보이는데, 여기서 '악'은 아가리, 아귀 등에서처럼 입 혹은 입구의 의미를 가진 것으로 보인다.

정지와 부석짝 속에서 어릴 때 정경이 하나하나 떠오른다. '지푸락' 다발 '끄서다가' 쪼그리고 앉아서 불 때던 생각이 난다. 바람이 부는 날이면 냇내 때문에 눈물 콧물 흘리기도 했고, 한여름에 불 때는 일은 또 얼마나 지겨운 일이었던지. 그렇지만, 시커먼 가마솥에다 해먹는 밥은 정말 맛이 있었다. 쌀밥은 또 얼마나 귀했는지. 그래도 '소두방(소댕)' 열면 푸우 하면서 하얀 증기가 뿜어져나오던 모양은 지금도 넉넉하게만 느껴진다. '깜밥'은 또 어떤가. '눌은밥' 또한 정말 기막히게 맛있었다.

깜밥과 눌은밥도 다 이치가 있는 말이다. 예전에 가마솥에 밥을 하다 보면 바닥에 밥이 눋곤 했다. 그 밥 눋는 것이 아까워 예전 어머니들은 바닥에 먼저 보리를 깔고 그 위에 귀한 쌀을 얹어 밥을 했다. 그러니까 말하자면 깜밥은 쌀 밑에 '깐 밥'이고, 눌은밥은 밥을 다 해놓고 난 결과 바닥에 '눌어붙은 밥에 물을 부어 긁어놓은 것'이다. 그러고 보면, 정지와 부석짝, 그리고 깜밥과 눌은밥은 그 의미와 이치가 선명하게 남아 있는 단어들인 셈이다.

옛날 어머니들은 부뚜막 간수를 아주 정갈하게 하셨다. 불 때고 나면 재가 날려 부뚜막이 새까매지게 마련인데, 행주를 여러 차례 빨아가며 꼭 부뚜막을 정갈하게 닦아놓곤 하셨다. 그게 단순히 살림솜씨 덕만은 아닌 듯하다. 왜냐하면 바로 그 부뚜막은 조왕신을 모시던 곳이기도 했기 때문이다. 조왕신앙은 민속신앙의 하나인데, 조왕은 부엌의 신이고 가족의 수명과 안전을 관장하는 신이다. 옛날 사람들은 그 양반이 음력 12월 23일에 승천해서, 옥황상제에게 그 집에서 있었던 일을 낱낱이 고하고 설날 새벽에 제자리로 돌아온다고 믿었다. 그런 양반을 함부로 대할 수야 없었을 것이 분명하다. 간혹 부뚜막에 앉았다가 불벼락을 맞곤 했는데, 그 신성한 장소에 엉덩이 함부로 붙였다간 '죄로 가기(응분의 죗값을 치르기)' 십상인 탓이겠다. 그런 사실을 알고 나니, '으뭉(음흉)한 괴앵이 부뚜막으 모냐 올라간당게'라는 속담의 의미도 새롭게 다가오지 않는가.

살다보면 잘못하는 일도 있는 것이 인지상정인데, 그럴 때 우리 조상님들은 부석짝에 엿을 붙여두었다고 한다. 그것은 엿이 끈적끈적하니까 조왕님이 옥황상제님에게 쉽게 가지 못할 것이라는 생각에서기도 하고, 혹 갔다 하더라도 입에 엿을 넣고 있으면 말을 쉽게 하지 못할 것이라는 귀여운 상상에서 비롯되었다. 참 재미있는 상상이다. 아무튼 조상님들은 누군가에게 검사를 맡으면서 살아가는 태도를 보였다. 밀란 쿤데라는 『참을 수 없는 존재의 가벼움』이라는 소설 속에서 '관객이 있는 것처럼 사는 삶'은 정직해질 수 있는 방법이라고 했다. 우리 조상님이 그렇지 않았을까. 진실한 태도로 사람을 대하고 정직하게 살아가던 그 소박한 우리 할머니, 어머니 들. 시대가 어수선할수록 그런 분들이 그리워진다.

'정지'와 '부석짝', '깜밥'과 '눌은밥'은 나름의 합리성을 띠고 있는 방언들이다. 부뚜막과 관련된 속담이나 행위들도 그 배경을 알고 나면 의미를 분명하고 생생하게 받아들일 수 있다. 방언은 나름의 이치와 삶의 자취들이 소중하게 배어 있는 우리의 문화유산 가운데 하나이며, 방언 또한 아는 만큼 보이고 보이는 만큼 애정을 가질 수 있는 것 아닐까.

부석짝에 불 때고 살던 시절을 생각하며, 이번 추석에는 할머니 손 한번 잡아드리고 어머니도 한번 보듬어드리고 꾀복쟁이 친구들과도 술 한잔씩 나누면서 전라도 말 한번 정답게 써보시면 어떨까.

"아까막새(조금 전에) 너 머라고 했냐, 그때 내 패딱지(딱지) 니가 다 가지갔다고? 하—따, 이놈 무선 놈이고만. 인자사 그런 말을 허고잉. 야— 그리도 그런 얘기헝게 겁나게 좋다잉."

게으른 농부 정초부터 서댄다고

봄바람 살랑이고 모심기가 한창일 무렵에는 온 들녘에 생명의 기운이 가득 차는 것이 자연의 이치이니, 짝을 찾을 나이에 든 처녀 총각들도 범나비가 되어 산으로 들로 봄바람 타고 날아가고픈 마음이야 어찌 막을 수 있겠는가. 여든도 넘은 안아무개 할머니가 운봉으로 시집오기 전, 열여섯 '큰애기' 시절에 들었다던 민요가락 한 자락을 들어보자.

산 너머 큰애기
삼을 삼아 이고—오
총각을 보고 옆걸음 치네
총각을 보고서 옆걸음 쳤나
동남풍 바람에 옆걸음 쳤제
머리도 어—좋고

날씬한 처녀—
울 뽕낭구에 앉어 있네
울뽕담뽕 내 따줌세
이 내 품에 잠자고 가게

　말하자면, 춘삼월 봄바람이 살랑살랑 처녀 가슴을 부풀리는 무렵에, 산 너머 이웃 동네 큰애기가 베를 짜기 위해 삼을 삼아서 이고 오다가 총각을 보고 수줍은 듯 몸을 비켜 조신한 자세로 걸음을 옮겼을 터이다. 속속들이 읽히는 그 몸짓을 보고 짓궂은 누군가가 "멋땀스로 고로코롬 몸이 비비 꼬인댜아?" 하고 얄궂게 물었을 터이고, 머리 좋은 이 처녀 아마도 붉어진 얼굴을 바로 세워 "아이, 내가 아자씨 땀시 그런 것이 아니어라우. 잡을 놈으 바람 때미 내 걸음이 조깨 꼬였등갑소" 했을 것이다. 그 부끄럽고 설레는 마음자락을 바람결에 날리는 말맵시가 퍽이나 아리땁다. 그 이쁘고 아리따운 큰애기가 뽕나무에 올라앉아 뽕을 따는 모습을 보고 있자니, 뚝심 불거져 기운이 사방으로 뻗칠 떠꺼머리 총각이 이내 그 춘심을 이기지 못하여 수작을 거는 장면 또한, 까짓 봄바람을 평계 삼으면 될 일 아닐까.
　그렇게 죽었던 나무에 새순이 돋아 연둣빛 봄바람이 천지에 가득하고, 복사꽃 붉은빛으로 물들고 배꽃 하얀빛으로 온 밤을 새우는 그 무렵에, 예전 같으면 쟁기질 소리가 봄기운을 부추기고 '풋도구(논에서 나는 샘물이 논으로 들어가지 않도록 똘(도랑)을 칠 때 쓰는 농구)' 치는 소리 또한 생명을 불렀으리라. 불과 이삼십 년 전, 그 짧은 세월 그러나 영원히 돌아오지 않을 그 풍경들 속에서, 지금은 박물관에나 있을 그 농구들이 날을 세워 기능을 충실히 수행했을 것이다.

아니나 다를까, 못자리 준비하느라 온 들녘에 물이 가득한 모습은 도연명의「사시四時」가운데 봄의 절경을 노래한 대목 '봄물 가득한 못(春水滿四澤)'을 떠올리기에 충분하다. 음력 3월은 바야흐로 농번기로 접어드는 시점이다. 지금이야 우리의 업이 상업을 중심으로 돌아가고 있어서 농자천하지대본(農者天下之大本)이 상자천하지대본(商者天下之大本)으로 바뀔 지경이지만, 예전 같으면 음력 3월, 양력 4월이 본격적으로 그해의 농사를 시작하는 시점이어서 실질적으로 한 해를 시작하는 때라고 할 만했다. 그러니까 '게으른 농부 정초부터 서댄다'는 속담은, 때도 모르고 마음만 앞선 어설픈 농부를 점잖게 경계하는 말인데 그야말로 농경사회의 농익은 생활의 경륜에 바탕을 둔 격언인 셈이다.

다음 도구들은 모를 심을 논에 물을 가두기 위해 쓰였던, 즉 물을 품는 도구들이다. 이것 또한 세월에 따라 그 형태와 모습이 변해왔음은 말할 것도 없다. 재래식 물 품는 도구들은 그림에서 보는 것처럼 네 가지로 나뉠 수 있다. '물자세(무자위)'를 제외한 나머지는 이제 그 이름조차 세월에 묻혔다. 사전에 남은 이름으로 보면, 그림에서 보는 것처럼 각각 '맞두레, 두레, 용두레, 무자위'와 대응된다.

꺼랭이로 푸는 것
(=맞두레)

"꺼랭이의 네 간디(군데)다 끈나풀을 매서 물을 퍼."

물통(=두레)

"막가지(막대기) 지댄 헌 놈에다 저 끄터리다가 쇠 양철 있지, 연장 철 지름 양철 같은 것, 고놈 한쪽만 띠―가지고 거그다 달아. 달아서, 그것도 물자리가 좋아야 훑지."

미상(=옹두레)

"요만이나 헌 나무를 홈을 싹 파갖고 우에다 지댄헌(기다란) 잡을개(손잡이)를 짜그만허이 해놓고. 긍게 고놈은 질어, 한 발도 넘어. 고놈을 양쪽으다 끈나풀로 히갖고 저 우게다 달아 매놓고는 인자 물을 떠넣어서 우로 올려. 아, 긍게 심이 좋아야 혀. 약간 좋아서는 안 되야."

물자새(=무자위)

"똥그랗게 사람이 밟아서 품는 것, 요것도 왜정 때 나왔어."

아나, 니가 시에미 돈 따먹고 잘살겄다

"응? 쌌어? 쌌다 이거지. 치고받기 한판이믄 양박에 쓰리고!"
"아나, 니가 시에미 돈 따먹고 잘살겄다아―"
"어머니, 고스톱 판에 인정사정이 어디 있어요. 못 먹어도 고!"
"너는 맨날 고스톱만 쳤냐?"
"어머니는 그렇게 연습을 허고도 왜 맨날 잃는대요?"

정초부터 며느리와 시어머니가 고스톱 한판에 목숨 건다. '현찰 박치기' 앞에서는 말 그대로 '우아래'도 인정사정이 없다. 시어머니는 싸고 며느리는 까서, '광박' '피바가지'에 '쓰리고'를 씌워댄다. 21세기 대한민국의 정초 풍속도, 양광박에 쓰리고 한판. 설마, 이렇게 말하는 고부간이 있을까마는, 요즈음 정월 명절이면 어느 집에서나 으레 볼 수 있는 장면 가운데 하나가 고스톱 치기이다.

본래 놀이라는 것은 경쟁심이 있어야 재미가 있는 법이지만, 각자 자기 돈 놓고 남의 돈 따먹기 식은 자칫 공동체로서의 기본적인 인간관계마저도 위협할 수 있는 지극히 개인적인 놀이인데다가, '치고 받고 까고 싸고' 하는 식으로 말하며 논다는 것은 보기에도 듣기에도 민망한 일이 아닐 수 없다. 그렇다면 딱히 할 일이 있냐고 반문할 수 있겠으나, 정말 우리에게는 즐길 만한 놀이가 그다지도 없는 것일까.

이번 글에서는 이전부터 안방의 부녀자들이 향유해왔던 놀이인 '상육치기(쌍육치기)'를 소개하고자 한다. 왜식, 서양식 문화가 한국식으로 토착화되어가고 있는 마당에 또 옛날이야기 타령이냐 싶지만, 오래도록 누리고 즐겨왔던 가치 있는 우리 문화가 있었다면, 이런 기회에 다시 되살려 계승하고 발전시키는 노력이 필요하지 않을까.

'상육치기'는 대체로 양반댁 안방에서 즐겨온 놀이이다. 지금도 집안에 따라서는 상육치기를 하는 경우도 있을 법한데, 이 글에서는 임실군 둔덕 마을의 삼계댁에 남아 있는 상육과 그분들이 즐겨왔던 상육치기를 소개한다.

상육을 치기 위해서는 사람 수에 관계없이 두 패로 편을 나눈 다음, '분판, 삿짝, 말'을 준비해야 한다. 분판은 유약을 칠해놓은 나무판인데, '조히(종이)'가 귀할 적에 이 위에 붓으로 글씨를 썼다가 물로 지우고 다시 글씨를 쓰곤 했다. 이 판에 한자로 '一二三四五六六五四三二一'을 두 줄 쓴다. 상육이라는 말의 의미도 육이 쌍으로 있다는 뜻이다. 그리고 굳이 분판이 아니라도 적당한 종이 위에 그렇게 쓰면 상육판이 된다.

상육판의 왼쪽 일에서 육까지를 '안육냥', 오른쪽 일에서 육까지를 '배깥육냥'이라 부른다. 그 위에 말을 놓는데, 말은 '청말'과 '홍말' 각각 열다섯 개씩이다. 말은 나무를 깎아 만든다. 말의 모양은 언뜻 보면 사람을 단순하게 상형한 모양이다. 손잡이는 사람의 머리처럼 작고 둥글며, 아래쪽은 치마를 입은 것처럼 둥글게 퍼져 있어 안정된 모습이다. 말은 붉은 칠을 한 것 열다섯 개와 초록색 칠을 한 것 열다섯 개를 준비한다. 청말은 나이가 많은 편이 쓰고, 홍말은 젊은 편이 사용한다. 모양새 하나에도 기품이 있으면 더 좋겠지만 설령 바둑알이면 또 어떻겠는가.

말을 놓는 방식은 자기편 왼쪽 일 자리에 두 개, 상대편 왼쪽 육 자리에 다섯 개, 오른쪽 오 자리에 세 개, 자기편 오른쪽 일 자리에 다섯 개의 말을 놓는다. 청말과 홍말은 같은 방식으로 놓인다. 자기편 왼쪽 일 자리에 놓은 두 개의 말은 '괴양말'이라 한다.

말이 다 놓이면 삿짝을 던져 놀이를 시작하는데, 삿짝을 던지는 것을 '삿짝을 논다'고 한다. 삿짝은 주사위 두 개를 말하는데, 정육면체의 작은 곱돌에 구멍을 파고 그 위에 밀가루를 발랐다가 닦아내면 구멍이 파인 부분에 밀가루가 채워져서 선명하게 보인다고 한다. 지금 아이들이야 책상 서랍에 쉬고 있는 주사위 한두 개쯤은 다 가지고 있으니 이것도 별 문제가 없다. 이렇게 하면 상육치기 준비는 다 된 셈이다.

삿짝은 두 개를 한꺼번에 던진다. 이때 숫자는 작은 순서대로 부르는데, 1은 '백', 2는 '아'라고 하고 나머지 3, 4, 5, 6은 그대로 부른다. 예를 들어 모두 1이 나오면 백백이, 1과 2가 나오면 백아, 1과 3이 나오면 백삼 등으로 부른다. 그러니까, 백사는 1과 4, 백오는 1과 5, 백육은 1과 6이 나온 것을 부르는 방식이다. 삿짝이 2와 2인 경우는 '찐찐이', 2와 3은 아삼, 그 다음은 아사, 아오, 아육 순이다. 3과 3이 나오면 '장쌈, 준삼'이라고 부른다. 3과 4는 삼사, 그 다음은 삼오, 삼육이다. 모두 4가 나오면 '준사', 모두 5면 '준오', 모두 6이면 '준육'이라고 한다. 다소 어려운 듯하지만 한두 번만 해보면 금방 익숙해질 것이다. 연습 삼아, 삿짝이 2와 6으로 나왔으면 뭐라 부르는가? 답은 '아육'이다.

분판에 놓인 말은 삿짝의 수만큼 움직이는데, 말 하나를 가지고 삿짝 두 개를 합한 수만큼 움직일 수도 있고, 삿짝 각각의 수만큼 말 두 개를 움직일 수도 있다. 분판에 놓인 말 가운데 어떤 말을 움직여도 된다. 삿짝의 수대로 움직였을 때 상대편 말이 하나뿐인 곳에 이르는 경우는, 그 말을 치고 그 자리에 자기편 말을 놓을 수 있다. 그러나 상대의 말이 둘 이상일 때는 그 자리에 자기편의 말을 놓을 수 없다. 따라서 자기편 말은 될 수 있는 한 하나 이상이 되게 놓아야 안전한 셈이지만, 수가 맞지 않는 경우는 하나만 놓아야 한다. 상대가 쳐낸 자기편 말은 상육판 밖에 두었다가 안육냥의 일부터 시작한다.

처음에 놓인 말이 상대의 안육냥 안에 모이게 되면, 삿짝의 숫자와 같은 자리에 놓인 말을 그 숫자가 나온 삿짝의 개수만큼 뺄 수 있다. 예를 들어 안육냥의 2에 두 개의 말이 있는데, 삿짝이 백삼으로 나오면 이 말은 뺄 수 없다. 다만, 백아면 하나, 찐찐이면 두 개, 아삼, 아사, 아오,

아육이면 하나의 말만 뺄 수 있다. 그렇게 해서 분판의 말을 먼저 빼는 쪽이 이긴다.

  이 놀이가 얼마나 재미있었던지 예전에는 밥 먹는 것도 잊을 정도였다고 한다. 두 패로 나뉘어 노니, 같은 편에 든 사람끼리 서로 기대고 합심하며 조정하고 화합하는 슬기를 나눌 수 있어 좋고, 차린 음식 나누며 사람 느낌 나서 좋고, 말로만 '양반' 하지 않고 사는 것도 양반다워 좋지 않은가.

단자 왔소잉

 임실군 오수면 둔덕 마을에서 예전에 했던 재미있는 놀이 하나를 소개하고자 한다. 예전에는 둔덕 마을이 남원시의 스물네 방 가운데 하나인 둔덕방에 속하였기 때문에, 지금도 나이 드신 분들 중에는 이곳이 남원에 속한다고 여기는 분들이 많다. 이 마을에는 세도 높았던 전주 이씨와 최항 선생의 후손들인 삭녕 최씨, 그리고 가장 먼저 이 마을에 터를 잡았으나 지금은 세가 많이 기운 진주 하씨와 순천 김씨가 이웃하여 살고 있다. 조선시대만 하더라도 이 마을은 전형적인 반촌으로서의 위세가 당당했던 셈이다. 이 마을에 예로부터 내려오던 단자놀이라는 게 있다. 먼저 단자놀이에 대해 말씀해주시는 연산댁 내외분의 육성을 들어보자.

 할아버지 단자, 그 장난여. 서당 학도들이 공부허다가 밤에 시장헌게, 인재 학도들 내에도 제사 지내는 이가 있고 동네서 지사 지내는 이가 있고, 그러면 단자를 써서 보내야. 그리서 헐 수 없이 퇴수를 보내주지. 술허고, 술 한잔씩 허기도 허고. 인자 떡이랑, 제사 지낸 대로 쓰인 대로 인자 한 차례 먹을 만침 보내줘. 머심들은 토막을 보내야. 토막으다 '단자' 라고 써가지고 토막을 보내야.

필자 토막요?

할아버지 아, 비고 잔 토막. 단자라고 써가지고 다 같이 먹어야 헌 게로 음식 안 보내줄 수가 없지.

할머니 단자 왔소 그러고는 어디로 숨어불고 없어. 그러믄 인자 전 부친 넘이랑 갖다주먼, 그 사람들도 칙칙칙칙 웃어싸. 저그들끼리 먹음서 웃어싼당게. 우리 사랑으 짝은 뱅이 머슴들 뱅인디 저그들끼리 먹음서 웃어싸.

필자 그럼 퇴침에다 쓰는 건가요?

할머니 아니, 나무토막.

할아버지 퇴침도 있제, 있지마는.

할머니 나무토막 있제, 네모잽이로 끊어가지고 베고 자고 그런 것이제. 머심들이 베개를 갖추고 산다요? 나무토막을 요만치썩 비에개 맹이로 베고 자고 그래.

할아버지 옛날 세상에는 목침이라고 혀, 목침.

필자 거기다 한글로 쓰나요?

할머니 아, 한글로 써가지고.

할아버지 마룽으다 살쩍이 놓고는, 문 열고 보머는 "단자 왔소잉"

그러고는 어디로 가불고 없어. 어디로 숨었제, 인제. 아, 그러면 가지 가라고 한 상 채려서 내노면 갖다먹고.

필자 서당 학도들이 단자 보낼 때 어떻게 보내요? 그때도 나무토막에다 쓰는가요?

할아버지 단자를 쓸지 아는 사램이 조히다가 술 한 말, 전 얼매, 몽땅 써서 보내요잉. 사람 숫자가 만헌게 많이 돌라 그 말여. 그렇지만 수대로 다 줄 수가 있가디. 주는 대로 갖다먹고 모다 웃고 장난허니라고 그러제. 배가 고파서 그런 것이 아니라 오늘 저녁이 누구네 제사당게, 우리 단자 붙이로 가자, 그러제. 장난허니라고.

필자 정말 재밌네요, 아주.

할머니 하, 옛날에는 그게 재미여.

할아버지 머이냐, 구만이댁이라고 거그로 단자를 보내면 젤 걸게 보내. 잘 보내야. 그 집이는 과부만 서이 살았어. 본이(본래는) 부자로 살았고, 구만이 노인이라고 안부인인디, 그로코(그렇게) 키도 크고 그랬거든. 그 집 손자가 서당으를 댕긴게 고놈 앞장세우고. 요 인자 전주에 시방 잘살고 아들이 오형젠가 된디, 다 부자여. 나보담 서너 살, 대여섯 살 더 먹었지. 용재라고 죽었는가 통 안 와.

단자는 부조, 선물 등 남에게 보내는 물건의 품목과 수량을 적은 종이를 말한다. 그러니까, 단자놀이는 제사가 있는 학동이 자기 집에 어느 날 제사가 있다고 친구들에게 귀띔을 해주면, 다른 학동들이 그날 밤에 제사를 애도하는 글귀 몇 자를 적고 그 아래에 자기들에게 보낼 음식의 품목과 수량을 적은 단자를 만들어 보내는 놀이다.

이때 단자와 함께 짚으로 엮은 꾸러미를 보내는데, 이 꾸러미에는 달걀 대신 솔방울을 넣는다. 장난이라고 하더라도 격식은 격식대로 다 갖춘 셈이다. 준비가 다 되면, 학동 서넛이 제사를 치르는 집에 가서 "단자요" 하고 소리치고는 단자와 솔방울 꾸러미를 '마룽(마루)'에 올려놓고 나온다. 그러면, 안주인이 제사를 지내고 난 음식으로 퇴수(退馂)상을 차려 대문 앞에 내놓는다. 단자놀이는 학동들뿐만 아니라 머슴들도 흉내내어 하곤 했다는데, 머슴들의 경우는 나무토막을 마룽에 던져놓고 "단자요" 하고 도망치곤 했다고 한다. 이 재미난 정경이 흑백영화처럼 떠오르지 않는가.

이 놀이야말로 조용한 시골 마을의 저녁 한 차례를 학동 몇이서 혹은 머슴 몇이서 재미나게 지낼 수 있는 파적거리로 그만이었을 듯하다. 게다가 열심히 공부하는 학동들이라 그냥이라도 음식을 나누어주고 싶기도 하였을 것인데다가, 결국은 품앗이로 해주는 베풀기니 마다할 까닭도 없었을 듯하다. 그런 점에서 보면 이런 놀이 하나가 사람살이의 넉넉한 마음을 키우는 과정이었겠다 싶다. 요즘 살벌한 입시지옥 속에서 철저히 혼자 견디고 이겨내야 하는 숨막히는 삶과는 퍽 대조적이다. 우리 아이들에게도 이런 따뜻한 추억이 있어야 할 텐데 지금으로서는 그럴 성싶지 않다.

할아버지께서는 지금도 『중용』을 천독(千讀)하면 사마를 벗는다고 믿으셔서 시간날 때마다 『중용』을 암송하시고, 할머니께서는 빛깔 좋은 해당화 술을 내놓으시며 품위 있는 손님 접대로 몸에 밴 기품을 유감없이 보여주셨다. 바깥 세상은 번갯불에 콩 볶듯 변하고 있지만, 이분들은 여전히 예전에 익힌 법도대로 조용하지만 규모 있게 세상을 살고 계신다. 세월이 흘러도 참 많이 흘러 이 모든 것들이 이제 아련한 옛날 이야기지만, 그 건강한 삶의 모습에 옷깃 여미지 않을 수 없었다.

옴맘마, 멜쩡허던 하늘에 먼 비다냐?

"야야, 장독 덮어라."

"하늘이 멀쩡헌디 머덜라고 독을 덮으라고 헌데여?"

"새살떨지 말고 후딱 덮어. 이러코 삭신 쑤시는 것 본게 고닥새(금방) 비 오겄다."

그사이에 잠자리 두어 마리, 바지랑대에 앉아 자울거리다(졸고 있다가) 화들짝 날아가고……

"옴맘마, 멜쩡허던 하늘에 먼 비다냐?"

그리하여 어김없이 "빨래 걷어라" "물코 조깨 트고 오니라" 등등 비 설거지로 손 바빠지기 일쑤다. 세상을 오래 살다보면 몸으로 얻어지는 지혜가 생기게 마련이다. 신식교육 덕으로 제법 목이 뻣뻣해진 이들도 이 체득된 지혜 앞에서는 '뻐신(뻣뻣한)' 목 오그라드는 경우가 종종 있었으니, 이 또한 유명을 달리한 어른들을 그리워하고 흠모하게 만드는 사연 중 하나이다.

지금 도시생활을 하는 사람들은 "장독 덮어라"라는 말을 들을 일도 없으려니와, 그에 연관된 일련의 생활들조차도 생각하기 어려운 일이 되고 말았다. 즉 장독을 왜 열어놓았으며 또 왜 덮어야 하는가라는 질문은 어느덧 우리의 삶에서 해당사항 없음으로 분류된다는 말이다. 왜 장독을 열어두고 또 덮어야만 했는가, 이는 물론 장을 담는 과정 중의 일부이다.

"장을 당굴라면 소금을 물에 녹히가지고 하루 이틀 재워. 그리갖고 그 간수를 항아리다 부서갖고 메주 띄우고 참숯 늫고 고추도 늫고 혀. 그리고 메주 우게(위에)다 통깨를 쪼깨 뿌려. 그리고 그 항아리다가 새내키(새끼) 꼬아갖고 둘러. 보선도 오리갖고 항아리다 붙이고."
"항아리다가 버선은 머덜라고 붙인대요?"
"말허자먼 발걸음을 조심히라는 뜻이지."
"아하."
"그렇게 히가지고 항아리 뚜겅을 열어봐."
"왜요?"
"햇빛을 쬐면 우게가 멋이 안 생겨."
"그냥 덮어노먼요?"

"그러면 멋이 피어. 고자리(구더기)도 생기고 장맛도 들허고. 그런게 지금으로 말허자면 소독여. 그렇게 히서 한 달이나 한 달 보름을 열어놓았다가 메주를 껀져서, 그놈으로는 된장도 맹글고 꼬창(고추장)도 담어. 그리고 그 물은 퍼다가 댈여갖고 장을 맹글어. 고놈은 그냥 뚜껑을 덮어놓아."

그러니까 장독 뚜껑을 열어놓는 기간이 한 달이나 한 달 보름 정도 되는 셈이고 그사이에 비가 몇 번은 내릴 것이다. 그 기간이 만약 농한기에 해당하는 한여름에 속한다면, "야야 장독 덮어라"는 예고 없이 덤벼드는 소낙비의 공격을 알게 하는 신경통 증세로부터 덤으로 얻게 되는 부수효과다.

『한국민족문화대백과사전』에서 장과 관련된 생활민속 편을 보면 『증보산림경제』의 내용을 다음과 같이 인용하고 있다. "장(醬)은 장(將)이다. 모든 맛의 으뜸이다. 인가의 장맛이 좋지 않으면 비록 좋은 채소나 맛있는 고기가 있어도 좋은 요리가 될 수 없다. 촌야의 사람이 고기를 쉽게 얻지 못하여도 여러 가지 좋은 장이 있으면 반찬에 아무 걱정이 없다." 그리하여 장독대는 어느 집에서고 극진히 위하였으며 해가 뜨면 뚜껑을 열어놓고 해가 지기 전에 덮었다. 그래서 장을 담그려면 택일을 하고 고사를 지내기도 하였으며, 장맛이 나빠지는 것은 귀신이 장을 먼저 먹기 때문이라 여기고 이것의 침입을 막기 위해 장독에 금줄을 쳤다. 금줄에 고추와 숯을 거는 까닭은 귀신이 붉은 빛깔을 싫어하기 때문이며 숯의 구멍 속으로 귀신이 들어가버린다고 여겼기 때문이라고 한다.

전라도는 유독 음식문화가 발달한 지역이고 그 중심에 장맛이 있으니, 이와 관련된 생활문화가 정교하게 발달해왔음은 말할 것도 없다. 콩을 이용하여 장을 담그는 역사는 기원적으로 동이족에서 비롯되었다고 하며 그것이 지금에 이르는 것이니, 장 담그기 비법은 집집마다 은밀한 방식으로 전수되어왔을 터이다. 그렇게 따져보면 우리 할머니, 어머니의 장맛은 수천 년이라는 세월의 이끼가 켜켜이 쌓여 이루어진 역사의 축적물이다. 그러니 '장맛이 좋아야 음식맛이 좋다'라는 진리 차원의 상식화된 담론을 비롯하여, '뚝배기보다는 장맛이여' '주인집 장 떨어지자 나그네 국 마단다' 등의 속담들이 생기는가 하면, 그중 단연 재미난 우리 동네 속담 '햇장은 쌈빡히도 날내나는 벱이여'도 장맛에 민감한 이 동네 아낙네들 사이에서 얻어진 세상살이의 이치인 것이다.

이런 점에서 보면, 아무리 살아가기가 빠듯해도 그리고 아무리 편리한 생활을 지향한다 해도, 결코 잃어버려서는 안 될 우리의 오랜 문화들이 있게 마련이다. 장문화 역시 그 가운데 하나인데, 작금의 세태로 보면 그조차도 짧은 시기 안에 사라져버릴지도 모른다는 위기감이 든다. 하긴 이제는 발효 엑스포까지 나오며 장과 관련된 발효음식 전체가 상품화되고 있는 판이니 과학적 검증을 거치며 그 중요성이 새롭게 인식되고 있어 위안을 삼을 만하다. 그렇다고 할지라도 집집마다 전승되어온 비법들이 다양하게 남아 있는 전라도 음식문화가 그 중심을 잡아주기를 소망하는 것은 지나친 욕심일까.

그렁게 동네마독 쪼매썩 달부게 짓등만

"근디, 모종 가운데를 왜 저렇게 막었대요?"

"응, 그것은 저짝은 여자들이 앉어서 놀거든. 그런디, 남자덜이 더운게 웃통도 벗고 놀잖여. 그런게 편허게 놀으라고 막어논 거여."

"에이, 이 사람, 그게 먼 소리당가. 아 옛날에 으디 여자덜이 모종으 나올 수나 있었간디. 천신(薦新)도 못 혔어. 으디 여자덜이 모종으 나와."

"그러믄 왜 막었당가?"

"젊은 사람덜허고 노인덜허고 패를 갈러 앉은게, 젊은 사람덜 댐배라도 피고 놀으라고 헌 것이여."

"암먼, 그러지. 저 웃동네 가면 아랫모종 웃모종을 지어갖고, 여자덜은 웃모종 가서 놀고 아랫모종은 영감덜이 놀고 그러등만. 기양 막 지어갖고 모종 사이를 막지도 안 헌 동네들도 많고. 그렇게 동네마독 쪼매썩 달부게(다르게) 짓등만. 다 헹펜대로 허는 거이지."

모정 가운데 칸막이가 있는 까닭이 무엇이든 간에, 삼복더위가 기승을 부려 온몸이 끈적거릴 즈음에는, 전라도 어느 녘에 가든 어김없이 동네 어귀 둥구나무 그늘에서 할아버지들이 한담을 나누며 여름을 나는 모정 풍경을 만날 수 있다. 동네 초입의 둥구나무와 그 그늘 밑의 모정은 동네 밖에서 바라볼 때도 시원할뿐더러, 그곳에서 들녘과 동구 밖을 내다보기도 그만이다. 모정은 그래서 삼복을 이기기에는 물론 동네에 출입하는 모든 이들과 상관하기에도 좋아 피서와 오락을 겸하는, 여름나기에 최적의 공간이다.

모정은 그 용도에 합당하고 이치에 맞는 곳에 지어진다. 모정은 땅과 마루 사이를 어느 정도 띄우고 짓는 게 보통이다. 동네에서 가장 시원한 곳을 물색하여 땅과 마루 사이를 띄우고 모정을 짓는 까닭에, 둥구나무 그늘과 마루 밑이 만들어내는 대류 현상이 바람 한점 없는 땡볕에서도 선선한 바람을 제공해주기 때문이다. 모정은 그야말로, 공간 이용에 관한 마을 사람들의 경험적 이해에 바탕을 둔 정밀한 과학정신의 소산이다.

모정 마루가 높은 곳의 경우 그 빈 공간 역시 조무래기들의 놀이공간으로 소용되는 까닭에, 마땅히 모정은 동네 모든 이들에게 여름 내내 가장 유용한 공간임에 틀림없다. 으레 모정 위에는 뭉툭하지만 통나무를 깎아 쓸 만하게 만든 목침 몇 개와 줄은 좀 비뚤거려도 장기 두기에 아무 지장 없는 장기판 한두 개가 바닥을 장식하게 마련이다. 이제는 굽은 소나무 기둥과 통나무 마루, 그리고 짚으로 엮은 이엉 대신 시멘트 바닥에 태깔 좋은 기와지붕이 반듯하지만, 태깔만 좋은 채로 늘 비어 있는 모정은 오히려 더 적막하고 쓸쓸하기만 하다.

"나는 구이 펭춘서 열아홉에 시집왔는디, 그쩍으 우리 영갬이 시물둘였어. 지금 내가 여든하나, 영갬이 여든너히여. 우리만 이러고 살고, 영감 친구덜언 으찌되았는지 사랑잠도 못 허고 일찍들 갔어. 우리 영감은 넘기다(남에게) 잘허고 싫은 소리도 안 허고 그려.

참 이상시런 일이지. 내가 시집올 적으, 우리 고모가 아홉 성받이 심지를 받어갖고 와서는 마당으다 훅 떤지데. 그리갖고 줏은 것이, 처므냐(처음에) 줏은 것이 노아무개를 줏었어. 그리서 어른덜이 그리 가라 히가지고 여태 살았어. 아덜 삼 헹지, 딸 삼 헹지 두고. 이 정자는 내가 쉰 거운 되아서 지은 것이고, 그전이는 정지나무 미티서 놀고 그렀어.

우리 동네는 안 되는 이유가 있어. 아, 길을 좋게 내얄 거인디, 십시일반으로 돈을 걷어서 질을 내얄 판인디, 밭 쪼꼼 논 쪼꼼 깨인다고 안 헌답디다. 그러니 되았어."

구이 평촌에서 시집오셨다는 연안 이씨 할머니는 비록 낯선 젊은 사람일망정 이물 없이 당신의 삶과 동네의 사정을 명료하게 들려준다. 게다가 일찌감치 부인과 사별하고 홀아비로 사는 조카의 더덕밭을 매다가, 모정 한 귀퉁이에 앉아 안쓰러운 조카가 더덕마저 도둑맞은 안타까운 사연을 토로하기도 했다.

 "어떤 수악헌 놈덜이 굵은 놈을 쏵 걷어가버렸네. 옘병헐 놈으 것들, 못써, 그거 가지고 잘살도 못혀."

 빈 모정만 그 쓸쓸한 사연이 있는 것은 아니리라. 새로 지은 모정이 있지만 자리가 잘못된 까닭에, 모정은 허드레 짐들로 가득하고 사람들은 여전히 둥구나무 그늘을 모정 대신 즐기기도 한다.

 "저그 어디에 지네 명댕이 있는디, 지네가 물면 밤을 깨물라서 발르면 낫아. 그래서 여그가 밤재여. 옛날으 이 질로 경상도 소금장시가 지나댕깄어. 질을 새로 내갖고 차독(차돌)을 쏵 깔었는디, 밟으면 불이 훤허니 써져(켜져). 이 정지나무다가 녹밧줄로 그네를 걸어놓았는디, 누가 잘 타는고 허니, 저 사람네 시아바니가 잘 탔어."
 "아이고, 엄헌 소리 허들 말고 수백(수박)이나 잡솨."
 "지은아, 니가 이것 갖꽜응게 니보톰 먹어라."

 격식을 갖추든 안 갖추든, 여전히 마을 앞 둥구나무 밑이 벅실벅실한 동네에는 사람 사는 '훈짐'이 모락모락 피어난다. 오랜만에 고향에 내려온 아무개네 딸내미가 냉장고에서 막 꺼낸 시원한 수박을 한 '소코리' 내오고 그것도 모자라 커피까지 한잔씩 돌리는 인심인데, 까짓 모종이 대수인가.

"오늘은 중복이라 닭죽 끓이갖고 복달임허는 거여. 돈도 들도 안 혀. 쇠주 두어 병허고 닭 댓 마리먼 되아. 계산히바, 돈이 얼매나 들겄는가."

딱 맞는 말씀 아닌가. 동네 노인들이라고 해야 불과 이십 명 남짓인 보통 시골 동네에서, 여름 보양으로 내는 음식값이라야 불과 돈 십만원이면 시쳇말로 '썼다 벗었다'이다. 아직도 담배 건조장과 고추밭에서 몸빼바지에 수건 둘러쓰고 빈 농사 헛품으로 주름만 굵어가는 우리 할머니 할아버지 들을 위해, 이번 여름휴가 중 하루는 동네 '모종에다 모고장(모기장) 치고 잘 폭 잡고(셈 치고)', 동네 어른들 모종파티 한번 열어드린다면, 부모님 낯 세워드려 좋고, 동네 어른들 보신해서 좋고, 이것이야말로 고랑 치고 가재 잡기, 누이 좋고 매부 좋은 일 아닌가.

옆으로 먹고 옆으로 나오는 것은?

몇 해 전 텔레비전 프로그램 가운데, 시골에서 살고 계신 할머니 할아버지 들을 방송국에 모시고 나와 현대인의 삶에서 익숙한 것을 문제로 내고 풀게 하던 방송이 있었다. 살아온 삶의 환경이 다른 까닭에 그분들은 우리가 생각하지 못한 엉뚱한 대답들을 하는 게 보통이었다. 그리하여 그분들은 텔레비전 좋아하는 백성들을 즐겁게 해주는 데 기여했지만, 한편으로는 영문도 모르고 우스갯감이 되어서 결국 시대에 뒤떨어진 평균 이하의 존재들로 폄하되는 서글픈 수모를 당하고 말았다.

여기서 소개할 수수께끼들(출처:『한국구비문학대계 5-1 : 전라북도 남원군 편』)은, 되레 현대적 삶에 익숙해진 사람들에게는 전혀 엉뚱해서 도무지 맞힐 재간이 없는 것들이다. 그러나 각각의 문제에 대한 그분들의 설명을 듣고 보면, 그리고 예전에 우리가 살아왔던 삶의 환경들을 생각해보면, 모두 이치에 맞는 것들이어서 그분들 역시 섬세하고 예리한 관찰력을 토대로 언어유희를 즐기며 살아온 것을 새삼스럽게 깨닫게 한다.

자, 흙벽에 초가지붕을 이고 호롱불 켜고 살던 시절, 그 당시의 삶을 돌아보면서 다음 문제들을 풀어보시라.

① "성은 장개를 못 가는디 동생이 먼저 장개를 가는 것은?"
※ 해마다 새로 하는 것과 몇 년 혹은 몇십 년 만에 한 번 할까 말까 한 일을 생각하시라.
② "늙어가면서 살쪄가는 것은?"
※ 이 문제는 초가집을 생각하시라. 낡아갈수록 덧붙여 두툼하게 만드는 것이 무엇인가.
③ "붉은 치매를 입고 올라갔다 검은 치매를 입고 내려오는 것은?"
※ 특히 봄보리 타작 끝나고 혹은 가을걷이 끝나고, 논에서 하던 일을 떠올리시라.
④ "강은 강이라도 못 건너가는 강은?"
⑤ "장은 장이라도 못 먹는 장은?"
※ ④, ⑤는 비교적 쉬운 문제이다. 힌트 없이 맞히실 수 있으리라.
⑥ "성은 꾀를 벗고 있는데 동생은 입성(옷)을 입고 있는 것은?"
※ 예전에 보통 뒷산에 방풍용으로 심던 나무를 생각하시라.
⑦ "까죽 속에다 털이 나 있는 것은?"

※ 밭에 심는 작물 가운데 하나이다. 그 열매의 모양을 생각하시라.

⑧ "옆으로 먹고 옆으로 나오는 것은?"

※ 예전에 쓰던 농기구 가운데 하나다. 소를 키우는 집에서는 반드시 저녁 무렵에 사용하던 것이다.

⑨ "위로 먹고 위로 도로 내놓는 것은?"

※ 이 문제 역시 비교적 쉬운 문제이다.

⑩ "들어갈 때는 깨끗한데 나올 때는 분칠허는 것은? 아침저녁 분칠허고 나오는 것은?"

※ 지금이야 정미 기술이 발달했으니 이런 일이 덜 하겠지만, 특히 보리를 많이 먹던 시절에는 이런 일이 날마다 벌어지는 풍경이었으리라.

⑪ "늙어가면서 이빨 생기는 것은? 늙어가면서 이빨 빠지는 것은?"

※ 비교적 쉬운 문제, 잘 생각해보시라.

⑫ "째깐한 옹달샘에 쪽 빠라제긴(가느다랗고 길쭉한) 것은? 째깐한 옹달샘에 실뱀이 하나 있는 것은?"

※ 저녁에 주로 사용하던 것이다.

⑬ "조구(조기)는 조군디 먹들 못허는 조구는?"

※ 대책이 없는 문제이므로 그냥 답을 보고 생각해보시라.

첫번째 문제의 답은 '초가지붕'이다. 초가집 지붕은 짚으로 이엉을 짜서 얹는 것이니 몇 해가 지나면 썩게 마련이다. 그래서 한두 해마다 새로 이어야 하는 것이니 새 장가를 드는 것이고, 그에 비해 형편으로 보아 형뻘인 기와지붕은 몇십 년이 지나도 새장가 갈 일이 별로 없으니 이치로 보면 딱 맞는 말이다. 두번째 문제의 답은 '베랑빡', 표준어로는 바람벽인데, 예전에는 흙으로 벽을 발랐으니 이게 낡으면 다시 덧칠을 할밖에 도리가 없었다. 그러니 해가 가면 갈수록 살이 찌는 셈이다. 세번째 문제는 '불티'가 답이다. 보리타작 끝난 후에 보릿다발 쌓아놓고 붙인 불이 하늘로 벌겋게 타오르다가 그 재가 거멓게 떨어지는 모습을 상기해보시라. 건널 수 없는 강은 '요강'과 '살강'이요, 먹을 수 없는 장은, '담장'과 '송장'이다. 어려서는 옷을 입고 있다가 자라서는 옷을 벗고 서 있는 '대나무', 그리고 신기하게도 털을 가죽 속에 숨겨놓고 자라는 '옥수수', 여물 써는 '작두'는 옆으로 먹고 옆으로 내놓는 것이며, '소매장군'은 입으로 똥오줌을 퍼담았다가 입으로 똥오줌을 게워내는 것이다. 아침저녁으로 보리쌀을 퍼담는 '쌀뒷박'은 퍼담을 때마다 허연 분칠을 하고 나오고, 조릿대로 엮은 고리짝, '모집쟁이'는 가장자리가 잘 닳아서 이를 드러내기 일쑤요, '낫'은 풀 베다 돌멩이라도 치는 날이면 이빨 빠지기 보통이다. 조그만 옹달샘에 실뱀 하나 빠져 있는 '호롱불', 그리고 여닫이문에서 기둥과 문을 연결해주는 돌쩌귀의 방언형 '돌조구'가 마지막 문제의 해답이다.

세월아, 세월아, 네가 가지 마라.
아까운 우리 인생들 다 늙어간다.

세월이 가려면 저 혼자나 가지,
아까운 내 청춘 다 데리고 가느냐?
지남 철갑은 뚝 떨어져 살아도
정든 님 떨어져서는 내가 못 살것네.

세월은 시위를 떠난 화살과도 같은가, 허락도 안 받고 가기만 한다. 나이가 들수록 세월의 흐름이 빠르게 느껴지고 하루하루의 삶은 번갯불에 콩 볶아먹듯 한다. 그 세월은 우리에게만 그렇게 빠른 것이 아니요, 머리에 만년설을 이고 사는 우리 할머니 할아버지 들에게도 마찬가지였으리라.

칠팔월 쑤싯대는
철이나 알고 흔드는디
우리집 시어머니는
철도 모르고 흔드네.

한 해 한 해 살아가다 나도 저절로 저 지경이 될 터인데, 제발 철을 알고 흔드는 칠팔월 수숫대만큼만이라도 철이나 들었으면 좋겠다.

배는 짓도 안 허고 깡다리보톰 장만허냐

도서관이나 학교에서 게시하는 문구 중에 "잠을 자는 사람은 꿈을 꾸지만 책을 읽는 사람은 꿈을 이룬다"는 말이 있다. 마음에 담아두고 졸릴 때마다 떠올리면 좋을 문구다. 꿈이 있는 사람은 행복하다. 아니 꿈이 있어야 삶이 팽팽해진다.

꿈을 꾸는 것 가운데 배를 만드는 마음 역시 상당한 긴장감을 예고한다. 차단된 공간을 넘어 아직 감추어져 있는 새로운 세계를 향한 욕구, 그 과정에서 겪어야 하는 고난과 영광, 그리고 그 이후에 다가올 다각적이고 총체적인 변화의 과정은 우리가 역사를 통해 익히 알고 있는 바이다. 우주를 향한 현대의 꿈 역시 우주선 혹은 spaceship이라는 말을 통해 동양과 서양이 같은 발상과 기대를 담고 있음을 확인할 수 있다.

그런데 전라북도의 바다는 그런 원대한 꿈의 바다가 아닌지도 모른다. 어느 여름 피서를 목적으로 혹은 상심한 마음을 달래기 위해 나서는 바다쯤으로 전락한 것 아닐까. 아니, 이건 전라북도만의 문제가 아니라 어쩌면 동해와 남해를 끼고 있는 여타 지역의 경우도 사정은 별반 다르지 않은 것 같다. 삼면이 바다라는 지리적 조건과 조선 강국이라는 명성과는 어울리지 않게도, 우리는 바다에서 꿈을 꾸지 않은 지가 너무나 오래된 것 같다.

지난 학기 내내 주말을 이용하여 바다를 끼고 있는 마을을 돌아다니며 어로생활에 대한 방언조사를 하였다. 바다와 사투를 벌이며 목숨을 연명하던 옛사람들의 삶을 엿보며, 우리에겐 바다가 원대한 꿈의 바다가 아니라 주어진 목숨을 부지하기 위한 바다인 것 같았다. 꿈을 꾸지 못하는 바다로 전락한 지 오래되어도 너무 오래된 것 같아, 순응한 역사의 나약함이 쓸쓸하게 다가왔다.

새로 맞이하는 시간, 새해 벽두. 방언으로 덕담 한마디를 하고 싶은데 과문이 병이라 마땅한 것이 떠오르지 않는다. 그래서 준비한 말 '깡다리'는 바로 옛 섬사람들이 나무로 배를 짓는 과정에서 사용되던 무엇이다. 우리 배는 물이 얕은 데서도 떠다닐 수 있도록 배 밑을 평평하게 만드는 특성이 있다. 임진왜란 때 해전에서 혁혁한 전공을 세운 것도 충무공이 조선배의 특성을 잘 이용한 결과이기도 하다.

어떻든 배를 만들 때 가장 먼저 하는 일은 산에서 나무를 베어다가 배를 지을 수 있을 때까지 건조시키는 것이다. 그리고 수년이 지나 배를 짓기에 적당한 강도로 나무들이 건조되었을 때 비로소 배를 짓는다. 배를 지을 때는 먼저 두껍고 기다란 통나무를 깐다. 이 통나무를 보통 원밑이라고 한다. 원밑을 깐 후 원밑 끝에 사선으로 통나무를 댄다. 이것은 묘시라고 한다. 묘시는 배의 맨 앞부분이다. 원밑을 깔고 묘시를 세운 후에 원밑을 중심으로 양 옆으로 통나무를 대가며 배밑을 만든다. 그리고 배밑이 만들어지면 뱃전을 세우기 위해 나무를 수직으로 쌓아올린다. 뱃전을 올릴 때 묘시와 뱃전을 연결하기 위해서 나무를 휘게 하는 것도 목수가 갖추어야 할 특별한 기술이다. 배의 테두리가 만들어지면 배의 공간을 나누는 칸막이를 한다. 칸마다 이름이 다르다. 궁간, 투싯간, 막간 등등이 그 예인데, 칸마다 모두 제각각의 기능이 있다. 궁간엔 잡은 고기를 넣어두고, 투싯간에서는 음식을 해먹고, 막간에는 허드레 물건들을 넣어두는 식이다. 칸막이를 만들면서 함께 하는 것이 돛대를 세우는 일이다. 돛대는 보통 두 개를 세우는데 배의 중심부에 하나를 세우고 그 앞쪽에 하나를 세운다. 전라북도에서는 앞 돛대를 이물돛, 가운데 돛대를 대꼬작 혹은 허릿대라고 한다. 이렇게 이런저런 순서로 배가 완성되어가는데, 해도 좋고 안 해도 좋은 선택 사양 가운데 하나가 바로 '깡다리'다.

깡다리는 배의 가장 뒷부분 가로로 놓인 굵은 통나무 위에 Y자형으로 세우는 나무받침대이다. 돛이나 노 등을 사용하지 않을 때 이 '깡다리' 위에 걸쳐두어 배가 파도에 흔들릴 때 돛이나 노가 제멋대로 움직이지 않도록 고정시켜두기 위한 장치다. 이것은 선주가 목수에게 주문해서 달기도 하지만 대부분 선주 자신이 필요에 따라 만드는 경우가 많다고 한다.

배를 짓는다는 것은 꿈을 실현하는 과정이다. 어려서부터 망망한 대해를 향해 이글거리는 눈빛을 꽂아왔던 굵고 억센 바다 사나이들이 삶의 중반기에 접어들면서 희망의 돛을 펴는 순간이기도 하다. 그러나 언제 다가올지 모르는 죽음의 손짓들 때문에 잠시도 긴장을 늦출 수 없는 바다와 바다 위에서의 삶을 준비하는 배 짓는 과정 하나하나 역시, 작은 실수가 곧 생명의 위협이 되는 것이니 긴장의 연속일 수밖에 없다.

일생을 걸고 한 번 할까 말까 한 배 짓는 일. 이 꿈을 이루기 위해 살아온 고단한 삶과 이 배와 함께할 여러 목숨들과 그 목숨들에 연계된 또 다른 연명과 기다림들, 이것이 배 짓는 일이다. 새로운 삶의 출발점이고 오래도록 가슴에 담아두었던 꿈일 뿐만 아니라, 너와 나 그리고 우리가 함께 살고 함께 죽는 일이다. 그 꿈을 실현하는 과정에서, 해도 그만 안 해도 그만인 '깡다리'부터 장만하는 것은 터무니없어도 어지간히 터무니없는 짓이다. 그러니 육지 사람들에게야 이 속담은 '깡다리' 자체로도 수수께끼일 것이고, 배를 만드는 마음과 배와 관련된 수많은 삶의 부침을 겪어보지 않은 바에야 이 속담의 심각성이 제대로 들릴 턱이 없다. 하지만 바다 사람들에게만큼은 이 말이 상황의 심각성을 빗대어 말하기에 좋은 소재였을 것이다. 물론 이젠 목선을 지을 일이 없으니 깡다리 역시 역사 속으로 사라질 운명에 처해 있지만 말이다.

꿈꾸는 바다를 기대하며 방언으로 올리는 덕담 한마디, "배는 짓도 안 허고 깡다리보톰 장만허는 짓은 허덜덜덜 말자고라우".

제 3 부

이 고약헌 놈의 시상,
　　징그라, 아주 징그랍당게

내가 그리요. 지금 내가 아가씨 같으믄 내가 쨰깐허갖고 학교 댕기고 근다먼,
멋진 남자랑 연애 한번 허고 잪은 생각이 맥힌당게.

어매가 똥 뀌먼 내 배가 아프당가

 방귀를 소재로 한 우스갯소리로 널리 알려진 것으로는 '어매가 똥 뀌먼 내 배가 아프당가'가 으뜸이다. 그것도 구사력 좋게 들어야 제 맛이다.

 아, 이눔의 배가 느닷없이 살살 뒤틀리더니 방구가 살살 나올려구 해서 전딜 수가 있는가. 아, 요리 옴착, 조리 옴착 참니라고 그냥 옴착옴착 참지. 참은 게, 참었다 뀌는 놈의 똥은 더 영글게 나오네. 아, 전디다 못해서 그냥 '뾰우우—웅'. 아하, 나와번졌거든. 그냥 얼굴이 뻬얼건해져갖고는 시아재 앞에서 헐 일이라고?

 그리하여 이미 당한 무안을 극복해보려고 자신의 실수를 젖먹이 아이에게 떠넘겨보려 했다가, 예상치 못하게 어린 아들의 받아치기 "어매가 똥 뀌먼 내 배가 아프당가"로 치명타를 맞는다는 이야기이다. 별것 아닌 소재일망정 토박이 화자의 이야기 구사력은 견디다 견디다 '영글게' 뀐 방귀소리, 그리고 얼굴이 벌게져버린 계수의 모습을 구체적으로 상상하게 만들고, 그렇게 만들어진 장면은 마치 김홍도의 풍속도 한 편과 견줄 만하다.

이야기를 이야기답게 만드는 장치는 여럿이지만, 앞서 구사된 이야기에서는 상황을 구체화하는 장치로서 의성어와 의태어 들의 역할이 매우 중요하다. "배가 느닷없이 살살 뒤틀리더니 방구가 살살 나올려구 해서"는 일정한 시간 동안에 서서히 진행되는 신체의 변화를, 그리고 "요리 옴착, 조리 옴착 참니라고 그냥 옴착옴착 참지"에서는 애써 방귀를 참는 모습을, "참었다 뀌는 놈의 똥은 더 영글게 나오네. 아, 전디다 못해서 그냥 뿌우우—웅"은 안타깝게도 모든 노력이 수포로 돌아가 결국 얼굴이 "뻐얼건해져"버린 귀결을 즐겁게 수용하게 만든다.

기실 방귀 이야기의 백미는 '흐리하리 풍더쿵'이다. 부잣집 규수를 사모하며 근근 부지런히 살아가고 있는 노총각이 삼 년 정성으로 규수를 아내로 맞게 해달라고 빈 끝에, 어느 날 점심을 먹고 '쪼슥쪼슥' 다가온 잠 속에서 얻은 비결대로 규수가 오줌 눈 자리에 심지 세 개를 박아놓자마자 다음과 같은 일이 생긴다.

아, 큰애기가 밥을 헐라고 쌀을 내러 들어간게, 아, 이눔의 느닷없이 아랫두리서 '흐—리하—리 풍더쿵, 흐—리하—리 풍더쿵, 흐—리하—리 풍더쿵', 아, 느닷없이 이 소리가 난게, 찬찬히 가믄 '흐—리 하—리 풍더쿵' 조금 싸게 가면 (어깨를 들썩거리면서 빠르게 걷는 시늉을 하며) '흐리하리 풍더쿵'. 아, 이거 큰일났거든, 큰일났어. 아, 가만히 가만가만 드러가서는 머리를 싸매고 드러누웠어. 밥도 못 허고. 아, 몸만 움적거리면, '흐리하리 풍더쿵'.

어떤 방귀소리가 이렇게 리드미컬할 수 있을지 궁금하지만, 이 이야기 역시 방귀소리를 언어로 상징화한 '흐리하리 풍더쿵' 이 재미의 핵심이다. 천천히 걸으면 '흐으리 하아리 풍더쿵', 빨리 걸으면 '흐리하리풍더쿵'. 이 해괴한 방귀소리를 도대체 어떻게 만들어낸 것일까.「청산별곡」의 후렴구 '얄리얄리얄라셩'에 견줄 만하지 않은가.

소재 자체가 지저분하지만 말이 나온 김에 하나 더, 콩밥 먹고 난 후에 '똥구녁에 콩 두 조각이 걸려서 나는 소리'는 어떻게 표현하면 좋을까.

어떤 사람이 콩밥을 먹고 장으를 가는디 어디서 ( ) 소리가 나. "아, 이상허다. 어서 이렇게 소리가 나까?" 그래서 갓을 훌떡 벗어 집어던지고 걸어가. 그리도 어디서 ( )혀. 두루매기를 벗어 내버리고 뛰어가도 어디서 ( )혀. 그래서 저고리도 벗어버리고 나중으는 속것까지 다 벗고 막 뛰어가는디도 ( ) 소리가 나. 그래서 똥구녁을 본게로 콩 두 개가 있더랴.

이 말 같지 않은 이야기도 이야기로 가치 있게 만드는 장치는 또하나의 해괴망측한 소리 '오각조각'이다. 그럴 것 같지 않은가. 꼭 그런 소리가 날 법하지 않은가. 두 단어를 반복해서 단어를 만들어내는 장치(reduplication)는 만국 언어의 공통인데, 우리말에는 이런 장치로 만들어진 단어가 유독 많다. 예를 들면, 방긋방긋, 울긋불긋, 알쏭달쏭, 오순도순, 이서방인지 저서방인지 등이다. 방긋방긋은 똑같은 소리를 두 번 반복한 것이고, 울긋불긋 등은 어떤 하나는 의미가 있는 단어이고 다른 하나는 의미가 없는 단어이다. 즉 울긋불긋을 예로 들어 말하자면, '불긋'은 의미를 가진 단어 '붉-'에서 출발한 것이고 상대적으로 '울긋'은 아무런 의미 없이 단어의 리듬을 맞추기 위해 만들어진 요소이다. 오각조각은 콩조각의 '조각'이란 단어가 의미의 연상작용을 이용하여 소리의 상징성까지 도출하게 만들고 여기에 '오각'이 적절하게 어울려 만들어진 음성상징어이다. 그런 맥락에서 보면 흐리하리 풍더쿵의 '흐리하리'도 방귀가 새어나오는 것을 떠오르게 하는 '흘리-' 혹은 '흐리-'와 리듬을 맞추기 위해 만들어진 '하리'가 어울려 이루어진 단어인 셈이다.

리듬의 백미는 민요가락이고, 민요가락의 리듬으로 다져진 우리 동네 말밭에는 참신하고 정교한 상징어들이 '곰실곰실' 열렸다.

  제비제비 초록제비/나부나부 붉은나부/아리금살 꾀꼬리는/뉘
  간장을 녹이려고

저리 곱게 생겼는고/연밥에다 밥을 싸고/풀잎에다 진게(반찬) 싸고/앞냇강에 넥기질(낚시질) 가니

여그저그 뛰는 잉어/못다 잡고 해가 졌네/우리집을 들어가니/양손에는 행주 들고

방그작작 웃는 양은/아리금살 꾀꼴레라/뉘 간장을 녹일라고/저리 곱게도 생겼는가

너는 당최 거시기가 없는 사람이다

"네 이놈, 느그는 뒷심(앞일)은 생각 안 허고 앞심(눈앞의 일)만 생각허냐? 너는 당최 거시기가 없는 사람이다."

이 말 또한 밑도 끝도 없으니 '당최 거시기 허다'. 사연인즉,

"아, 쥐란 놈이 구녁으다가 뭣을 물어다놓고 물어다놓고 험서 인자 그놈으로 먹고사는디, 아, 꿩이란 놈은 무엇을 물어다논 것이 있어야지. 허대고(허둥대고) 돌아댕기기만 허고. 그리서 인자, 꿩이 쥐 보고 '아, 서새완 서새완' 허고 불른게로, 하, 인자, 그 쥐가 말여, 수숫잎새기로 탕건을 히서 씨고, 나락 껍데기로 쉬염을 길게 늘이고, 아, 보리 꺼그락으로 지팽이를 짚고 떡 허니 나갔어. 나감서, '게 뉘가 나를 찾나!' 헝게로, 꿩이란 놈이 있다가 '아, 서새완, 나 조깨 베

몇 섬 빌려주소.' 그런게로, '아, 이 사람, 볏섬 있을 적으는 뭣을 했간디……' 그런게 꿩이란 놈이 '즈그는 따뜻헌 디로 댕김서 그저 되는 대로 줏어먹기뱆이 못 했습니다' 헌단 말여."

그러자 쥐생원 하는 말이, 바로 뒷심, 앞심 타령에 거시기 없는 놈이라고, 말하자면 훈계를 하는 장면이렷다. 통상 우리 같으면 이솝우화의 '개미와 베짱이'로 앎 직한 이 이야기는, 기실 전주시 동완산동 경로당에서 최래옥 교수가 박순이 할머니한테서 채록하여 『한국구비문학대계 5-2 : 전주시 완주군 편』에 실어놓은 이야기를, 필자가 독자의 이해를 돕고자 약간의 첨삭을 가한 것이다. 그러니까 이는, 전주판 '개미와 베짱이', 제목을 달자면 '쥐생원과 꿩생원' 쯤으로 불릴 법한 이야기이다.

이 두 이야기는 등장인물만 다를 뿐, 구성과 주제는 동일하다. 그러나 이 이야기가 자극하여 만들어내는 이미지는 상당한 차이가 있다. '개미와 베짱이'를 생각할 때마다 나는, 연미복에 바이올린을 든 베짱이와 그에 걸맞은 중세 유럽의 한 농가를 떠올리곤 했다. 그 익숙하지 않은 장면은 어느새 내 기억의 기층에 남아 내 상상력의 원천이 되고 있었다. 반면 '쥐새완과 꿩새완'의 이야기에 등장하는 쥐가 옥수숫잎으로 탕건을 만들어 쓰고 나락 껍데기로 수염을 붙이고 거들먹거리는 모습을 떠올려보시라. 얼마나 자연스럽고 또 회화적이며 익숙한가.

혹시 연미복과 바이올린은 고급스러우며 우아하고, 탕건과 지팡이는 고리타분하며 촌스럽다고 생각하는 건 아닐까. 하지만 기억하시라,

독자적 문화와 그 나름의 자존심을 잃어버린 민족이 얼마나 초라한가는, 외국인에게 조국에 관해 말하려는 순간 여실히 깨닫게 된다는 사실을. 그런 의미에서 '개미와 베짱이'에 점령당했던 유년기의 한 정서를 '쥐새완과 꿩새완' 이야기를 통해 비로소 우리의 정서로 전환할 수 있게 된 것이, 내게는 매우 반갑고 흐뭇한 즐거움이 아닐 수 없었다.

다만 아쉬운 것은, 구성지게 구사된 이 '쥐새완과 꿩새완'의 마무리가 깔끔하지 못한 점이다. 해서 우리가 훈계를 끝낸 쥐가 꿩에게 어떻게 했을까를 생각하여, 이 이야기의 결말을 만들어 아이들에게 들려주는 것도 좋을 듯하다. 물론 우리 아이들이 살기 좋은 세상을 만들어갈 수 있도록 좀더 따뜻한 결말을 준비하는 것이 좋겠다.

　　그러자 꿩새완이 눈물을 주루루 흘림서 "아, 새끼덜땀시……" 그러드라네. 그 말을 듣고 쥐새완이 액상헌게(가여워서), 겉보리 스 말 허고 쌀 한 납대기를 들려 보내드랴. 하, 안 그럴 것이라고, 저도 새끼 키우는 사람인디. 암, 그리야지 그리야 허고말고.

할머니가 손자에게 이야기를 들려주는 것은 총체적인 문화 전수과정이다. 이 과정을 통해 할머니가 그 할머니로부터 들었던 지혜와 웃음과 교훈이 손자에게로 이어진다. 면면히 흘러온 집안 나름의 문화적 흐름이 바로 그 순간에 새 물꼬를 터 흘러내리게 되는 셈이다. 할머니 무릎을 베고 누워 미소 반 하품 반으로 이루어지는 이 문화 전수과정은,

우리 모두에게 반드시 필요한 교양 필수과정이며 또한 우리가 놓쳐서는 안 될 생활의 속재미일 것이다. 이 과정이 모두 표준말로 이루어진다면 그것이 어디 말인가, 방송이지.

에비야, 만치지 말어

"이노옴, 에비다, 에비. 만치지 말어, 에비다."

'말짓(장난)' 많이 하며 자란 사람들은 귀에 못 박히게 들으며 자랐던 '에비'라는 말은 '업'과 '-이'가 합해서 된 말이다. 『한국민족문화대백과사전』에서 업은 집안 어떤 곳에 보이지 않게 들어 있는 수호신의 일종이며, 흔히 뱀, 족제비, 두꺼비 등의 동물로 상징된다고 설명하고 있다. 또한 사람들은 업을 집안의 재물 운수를 관장하는 신으로 여겨 부자가 되기 위하여 모신다고 한다. 그러니까 집안에 부정한 일이 생겨 업이 눈에 띄거나 집에서 나가게 되면 그 집안이 망한다고 하여, 업이 나오면 다른 곳으로 나가지 못하도록 해야 한다고 여겨왔다.

전주시 완산동 김석권씨(68세)가 들려주는 업에 관한 이야기를 보자.

그전에는 전부 다 초가집을 지어갖고 살았는디, 지붕 새(사이)가 구멍이 뚫어져 있거든. 거그다 새끼를 쳐. 거그서 구렝이가 살었어. 그런디 예전에 구렝이 담 넘어간다고 안 혀? 구렝이, 큰 구렝이 같은 것이 휘휘 돌아댕기고 그런디, 그것을 잡어서 죽이면 안 된다고 그랬어. 구렝이가 뵈면, 흰죽을 끓이갖고 멕여. 흰죽을 끓이갖고 지붕 우그다 갖다노먼, 구렝이가 그것을 먹고 없어져. 긍게 그놈이 나오먼 안 된게 베라벨 거시기를 다 히갖고 달래야 혀. 좌정허시라고.

아니나 다를까, 집집마다 끼니조차 때우기 어려웠던 유년 시절을 떠올려보면, 그 한 장면 속에 초가지붕 사이로 참새집이 있었고, '시망시런' 놈들은 가끔 지붕에다 사닥다리 세워놓고 참새를 잡아보겠다고 '석은(썩은) 새' 사이로 조막만한 손을 겁대가리 없이 쑥쑥 집어넣어보던 순간이 있었다. 바로 그 참새집에 이웃해서 구렁이집이 있었던 셈이니, 김옹의 설명을 듣고 보면, 그 시망시런 짓거리는 해서는 안 될 말짓이었을 것이다. 그런 말짓이 어디 한두 가지였을까. 그리고 그때마다 어느 집에서건 '에비'의 존재가 확인되곤 하였으리라.

이제 에비라는 단어를 구성하고 있는 또다른 요소 '-이'에 대해 살펴보자. '-이'는 사람 혹은 사물에 붙여 부를 때 쓰는 접미사의 일종이어서, 사람의 이름에도 붙고, 별명에도 붙고, 또 사물에도 붙어 사람처럼 인식시키기도 한다.

옛날에 똑같은 친구였던개비여. 하나는 코훌쩍이, 하나는 눈깜짹이, 하나는 부실먹쟁이.(최래옥,『한국구비문학대계 5-3 : 전라북도 부안군편』)

유유상종이라고 비슷한 친구 세 사람이, 하나는 코를 엔간히 자주 훌쩍거리는 특성이 있었던 모양이고, 또 한 사람은 눈을 아주 잘 깜짝거리는 묘기를 가졌으며, 나머지 하나는 '눈텡이' 어디쯤이 주먹으로 맞은 듯이 거무스름했던 모양이다. 어떻든 이 세 사람을 명명하는 방식 속에 앞서의 '-이'가 동일한 기능으로 존재한다.

만약 '업'이라는 외자짜리 단어로 말을 한다고 치면, 다급한 상황에서 경계의 의미를 전달하기가 수월치 않았을 것을 쉽게 짐작할 수 있다.

"이노옴, 업, 업. 만치지 말어. 업, 업."

가상의 말하기지만 이런 식으로 말하자니 '서 잘룬(혀 짧은)' 사람, 전라도식으로 말하자면 '서잘뱅이' 쯤 되는 사람의 말하기 같아서 속이 턱턱 막힌다. 그래서 두 음절짜리 단어 '업이'로 만들어 사용해야 숨통이 트인다. "에비이" 하고 말이다.

여기서 '업이'를 '에비'라고 말하는 것은 움라우트, 즉 '학교는 다니는 것'이고 '핵교는 댕기는 것'이라는 명쾌한 대조로 결판이 나는 바로 그 유명한 'ㅣ모음 역행동화'가 우리 지역에서 매우 빈번하게 작용한 결과이다.

이제는 그 '에비'들도 다 세상을 떠나고 말았으니 무엇이 우리의 집을 지켜주고 있는 것일까. 세상 살기 빽빽하니 집 떠난 에비 하나쯤 마음속에 키우고 살면 중심을 잘 잡아가며 살 수 있으려나.

파리허고 포리가 어트케 달분지도 몰르는 것이

촌사람이 서울 친구네 집을 찾아가서는 점잖은 처지에
"허허, 이 방에가 어찌 포리가 이렇게 많은고?" 그런게,
주인이 있다가
"허, 제미, 파리더러 포리라고 허는 촌놈이네"라고 헌게,
"아, 저런 사람이 있는가? 아, 파리가 있고 포리가 있는 것이여."
"뭣이? 파리면 파리제, 포리라고 헌대여?" 그런게로,
"허, 자네가 몰랐네. 파리가 있고 포리가 있어" 그런게,
"뭣이 파리고 포리대여?" 그런게로,
"파리는 앞발로 고개를 씨다듬는 것이 파리고, 포리라는 것은 뒷발로 날개 쭉 씨다듬는 것이, 뒷발로 그런 것이 포리여" 그랬네.
그렇게 그 주인도 생각해보닌게 잘 모르겄단 말이여. 그래서 가만히 보닌게, 포리가 어떤 놈은 앞발로 비비는 놈도 있고 뒷발로 비비

는 놈도 있어. 그리서 오갈이 팍팍 들더래여, 촌사람한티.(최래옥, 『한국구비문학대계 5-3 : 전라북도 부안군 편』)

'파리'를 '포리'라고 발음하는 사람이 있다면 무지막지한 발음이라고 여기겠지만, 전라북도의 남부 지역 부안, 고창, 임실, 정읍, 남원, 순창 등지의 노년층 화자들 사이에서는 이런 발음이 여전히 일상적이다. 물론 이런 식의 발음은 이들 지역뿐만 아니라 전라남도, 경상남도 등지에서도 보편적으로 나타난다.

어떻든 이야기 구연자의 말마따나 '포리'라는 발음은 분명히 촌놈임을 나타내는 표시이다. 이런 식의 표시들 가운데는 어떤 지역을 분명하게 반영하는 발음들이 있다. 예를 들면 충청도의 '어쨌유우—', 전라도의 '긍게', 경상도의 '문디 가스나' 등은 특정 지역의 전형적인 발음인 것을 누구나 다 안다. 이것을 학문적으로는 낙인형(stigmatized form)이라고 부른다. 일종의 주홍글씨처럼 말 자체에 낙인이 찍혀 있다는 뜻이다. 그런 맥락에서 보면 '포리' 역시 전라도와 경상도의 지역적 발음방식을 전형적으로 나타내는 것이며, 그 정도에 있어서 상당히 심각한 촌스러움을 나타내는 발음이다.

그럼에도 불구하고 서울내기를 팍팍 오갈들게 만든 그 촌양반의 재치는 이야깃거리가 됨 직하다. 사실 웃자고 하는 이야기이지, 실제로 '파리'와 '포리'의 차이에 대한 명쾌한 설명(?)에 어리둥절할 서울깍쟁이가 있을까마는 말이 그렇다는 것이겠다.

어떻든 좁디 좁은 땅덩어리에서 그 흔하디 흔한 파리에, '포리'라는 해괴한 발음이 생겨난 까닭은 무엇일까. 이것은 중학교만 제대로 다녔어도 어지간히 앎 직한 원순모음화라는 음운현상 덕분이다. 원순모음화란 원순모음이 아닌 것이 원순모음으로 된다는 뜻인데, 여기서 원순모음이란 입술을 둥글게 오므려 발음하는 모음, 즉 'ㅗ, ㅜ' 등을 가리키며, 그밖의 모음들 'ㅏ, ㅓ, ㅔ, ㅐ, ㅡ' 등은 비원순모음에 해당한다. 국어의 역사적 변화를 살펴보면, 대개 'ㅡ'모음이 입술소리 'ㅁ, ㅂ, ㅍ' 뒤에서 원순모음 'ㅗ, ㅜ'로 활발히 변화하던 시기가 있었다. '블>물, 블>불, 플>풀, 프르->푸르-' 등이 그 예이며, '므지게>무지개, 븍녘>북녘, 브즈러니>부지런히' 등도 그런 변화를 겪은 단어들이다. 그러니까 이런 예들은 원순모음화를 거쳐 현대에 이르렀고 표준어로서의 자격을 얻은 것들이다.

그런데 문제는 이전 시기에 '순음+ㆍ'를 가진 어휘들에서 발생하게 된다. '팔'은 중세국어에서 'ᄑᆞᆯ'이었는데, 문제의 'ㆍ'가 서울 지역에서는 'ㅏ'로 변화를 하고 이 지역에서는 'ㅗ'로 변화를 겪는 바람에, 지금은 악명 높은 '폴, 폴똑, 폴씨름' 등의 방언형들이 만들어지게 되었다. 이와 동일한 변화를 겪은 어휘들로는 퐃(팥), 퐃죽(팥죽), 퐃독(학독에서 곡물을 갈 때 쓰는 작은 돌), 산몰랭이(산마루), 모실(마을), 뽁쥐(박쥐), 몰류아(말려), 볿-(밟-) 등 그 수가 제법 많다.

원순모음화라는 현상 자체는 자연스러운 언어 변화의 일부일 뿐이건만, 어떤 원순모음화는 표준어로서의 자격과 위세를 지니고 어떤 원순모음화는 촌스러운 것이 되었으니, 말하자면 이것도 인간들이 만든 인위적 차별의 희생양인 셈이다. 그럼에도 불구하고 한번 찍힌 낙인은 어지간해서는 회복되기 어려우며, 결국 이대로 가다가는 '포리'와 그 친척뻘쯤 되는 방언형들은 이제 영영 국어사의 뒤안길로 사라질 운명에 놓여 있는 셈이다.

이 고약헌 놈의 시상, 징그라, 아주 징그랍당게

자가용 타고 드나들며 아무렇게나 바라봄 직한 이 들녘에 호랑이 떨어져 죽은 자리에서 솟아오르는, 핏물 든 수수깡 같은 이야기들 몇 토막으로, 이 땅의 수난사를 방언을 통해 들여다보기로 한다.

이 이야기는 전북 임실군 오수면 둔덕리에 사시는, 2001년 조사 당시 여든셋 드신 할머니의 육성을 전사해놓은 것이다. 읽기가 다소 불편하지만 현장감이 생생하다. 똑같은 경험을 했더라도 그 경험을 풀어내는 이야기 솜씨는 역시 귀로 듣고 입으로 익힌 할머니 할아버지들이 제격이다.

이야기 하나
 아이고, 공출은 말도 못 혀. 저 삼베질, 베 모다(모두) 짜고 옷 맹글라고 근디, 삼 공출해라, 미영(무명) 공출해라, 산이 가 괭이(송진)

따다 공출해라, 아주까리 공출해라, 유기 공출해라, 공출 안 헌 것이 없지. 수량을 채와주면 몰라도 수량을 조매(좀처럼) 채울 수가 있가니. 수량을 못 채우먼은 자꼬 멘에서 몇 멩이 밟고 댕김선, 여긋 면 사람은 인자 사정본다(사정봐준다)고 생겐면(삼계면) 가서 뒤고. 하, 그냥 막, 매질을 허고 무셨소, 그 지낸 난리도. 이장 담—에 반장이란 거이 있는디, 한 번썩 반을 짜가지고, 요 반써 이 사램이 밭일을 보고, 그서 그때는 반장을 내. 이반 삼반 이반 요로케 히서 한동네서, 그먼 양, 반장 그이가 그거 안 냈다고 못 걷었다고 막 꿇어앉혀놓고 막 뚜드리고 그리요, 막. 하, 왜놈들이 시긴게, 여긋 넘이. 여긋 넘인디, 고약헌 넘이 있어. 새터 방위, 방위 아조(아주) 이방위라고 헌 사람, 아이고 그놈, 일찌감치 살도 못허고 죽등만……

이야기 둘

비행기가 어치게 잡아돌든지. 근게 어찌서 그랬등가 몰라. 여긋 비행깅갭인디(비행기인가본데). 저 뒤에다가 굴을 파놓고 막 비행기 공습헌게 야단인게 굴속으로 들으가라고 어치게 막 사방서 소리가 나고 야단인지. 우리 시앙(시방, 지금) 쉰두 살 먹은 딸을, 머 난리가 나면 자식을 내불고 간다드니 기껏 가 싹 가서 들앉었다가 나와봉게, 애기는 방으다 눕혀놔버렸어. 아, 달이 훤헌디 어치게 끄막해서 (걱정스럽기도 하고 궁금하기도 해서) 와봉게, 8월이라 문을 열어놨는디, 달빛이 뱅이 훤헌디, 달빛이 방으까장 들어왔어. 아, 근디. 애기가, 방으서 자요잉. 그것도 모르고 즈그 몸만 숨었당게. 시상에, 참, 그렇게 정신들이 없이 살았어.

이야기 셋

아, 쩌 짚은 산중에는 동네다 막 불을 질러부러갖고는, 더그매 위로 올라갔더니 막 둘이 다 타 죽었다고등만. 보통 이런 사람들이 숨는다고 올라갔더니, 우리 시방 오양(외양간) 더그매 있잔허요. 고런 디로 올라가갖고 엎뎠었더니, 양(그냥) 막 뺑 돌려서 그냥 막 불을 놔부르고, 지키고, 우리 친정으 당질, 당질이라고 헌 이가 둘이나 죽었어요.

이야기 넷

그때가 인꿩(인공)이 끝날 때요. 그때가 더 에룹답디다. 아, 조께 걸어가머는 우리 율촌 친구라곤(친구라고 하는) 양반이 산디, 한 번 본게 하얀 운동화도 신고 매끈허게 꾸밎드랑만. 그때 거리거리 잡아 조사를 헝게, 어뜨케 그냥 밤에 개기도 낮에 개기도 무섭고 그랬어, 세생이. 밤이먼 더 활발헌게 더 무섭고. 낮이는 으연허고 갔든 갑등만, 하따, 그 막 집에다 모다 불을 놓고 있는디, 하얀 운동화를 신었드랑만 기양 이 불로 들으가라드라요. 젊드래. 한 이십 남 되았겄는디 옷이랑 매끈허니 입고 하얀 운동화를 신었는디, 아, 인자, 그리 죽으나 저리 죽으나, 기양 막 불로 뛰어들드래. 근디 막 하이고 뜨거라 하이고 뜨거라 뜨거라 뜨거라, 그리쌈서 하이고 지겨워서 막 어서 와버렸다고 그리여.

이야기 다섯

그렇게 무섭게 살았다고, 세상. 아이고 말인게 그렇지. 우리가 그전에 쩌 물 건네 논이 일곱 마지기가 있었는디, 거그 가서 나락을 뭉끈게, 베를 말류아갖고 인자 뭉끈게 치러디릴라고 헝게, 처 삼계성 모퉁이라곤 디서 사람 하나가 건정건정 건정건정 허고 와. 고러고 그때는 함부로 그사람허고 이얘기도 모더게 허요잉. 천부(전부) 다 망을 보고 있응게. 하, 대원들이라고 헌 이가 망을 봐. 긍게 인자 함부로 체다보도 못허고 함부로 이얘기도 못 허고 그런디, 아, 청구숭게 숭게숭게 허고 오더니 나락 다발 하나 지르르르 끄집어다놓고 앉어서, 요리 히서 어디로 어디로 어디로 어디를 가먼 어디를 가냐고 물어. 그리서 요리요리저리로 가면 암디로 간다고 그르케만 갈켜줬드니 핑 가등마. 그 사람도 양 피해서 연해 간 사램여. (망을 보는 사람은 여기 동네 사람이에요?) 아이고, 멘에서 나와서 본 사람들이지, 동네 사람이 아니라.

장에 마실 가셨던 할아버지가 돌아오시는 바람에 이야기는 끊겨, 나락 다발 지르르르 끄집어다놓고 앉아서 길을 묻던 사내의 최후는 정녕 알 수 없었으나, 정황으로 미루어보면 결국 어디쯤 가서 잡혀 죽었을 것이다.

위 다섯 개의 이야기는 왜정 말기와 인공 난리에 관한 일들이다. 식민시대에 농민들을 괴롭힌 것은 노동력과 모든 산출물을 착취당하는 일이었다. 더 안타까운 일은 같은 동네 사람 중에 반장을 세워 그들로 하여금 착취에 앞장서게 한 소행이었으니, 그 비극적인 상황은 생각하는 것만으로도 가슴이 아픈 일이다. 그러나 인공 난리에는 사람이 상하는 일이 비일비재했으니, 난리 중의 난리는 인공이었다.

이 할머니의 이야기가 실감나게 들리는 데는 여러 가지 장치들이 있다. 한 가지 주제를 향한 응집력이라든가 생생한 묘사, 적절한 반전 혹은 마무리 방식 등이 어우러져 이야기 듣는 재미를 더한다. 여기서는 그 가운데 인상적인 장치 몇 가지를 보자.

① 새터 방위, 방위 아조(아주) 이방위라고 헌 사람, 아이고 그놈, 일찌감치 살도 못허고 죽등만……

예문 ①은 왜정시대 새터에 살았던 악명 높은 반장 '이방위'의 악행에 대한 끔찍한 기억을 되살리는 장면이다. "새터 방위" 잠깐 쉰 후에 "방위" 또 잠깐 쉰 다음 "아조 이방위라고 헌 사람" 쉬고 "아이고 그놈, 일찌감치 살도 못허고 죽등만"으로 단숨에 인과응보식 처단을 내려 심리적 위안을 얻는 방식이다. 즉 방위에 대한 생생한 기억이 심중을 흩뜨리듯 호흡이 멈칫멈칫하다가 이내 처단의 심정으로 표현하는 데서는 일사천리로 단언하여 말한다.

②아, 달이 훤헌디 어치게 끄막헤서 와봉게, 8월이라 문을 열어놨는디, 달빛이 뱅이 훤헌디, 달빛이 방으까장 들어왔어. 아, 근디, 애기가, 방서서 자요잉, 그것도 모르고 즈그 몸만 숨었당게. 시상에, 참, 그렇게 정신들이 없이 살았어.

예문 ②는 비행기 폭격이 있을까 무서워서 뒷산 동굴로 피신 갔다가 와보니 방 안에 아이가 자고 있더라는 이야기이다. 이야기의 핵심은 그렇게 정신없이 살았다는 것이며, 그 정도를 나타내기 위해 든 예가 바로 아이를 방에 두고 피신한 이야기이다. 이 이야기는 비행기 공습경보 때문에 정신없이 산으로 도망치는 대목과 그후 다시 집으로 돌아와 방 안에 누인 아이를 발견하는 장면이 대조를 이룬다. 특히 아이를 발견하는 장면은 마치 스크린에 비치듯 생생하다.

③하-얀 운동화를 신었드랑만 기양 이 불로 들으가라드라요. 젊드래. 한 이십 남 되았겄는디 옷이랑 매끈허니 입고 하-얀 운동화를 신었는디, 아, 인자, 그리 죽으나 저리 죽으나, 기양 막 불로 뛰어들드래. 근디 막 하이고 뜨거라 하이고 뜨거라 뜨거라 뜨거라, 그리쌈서 하이고 지겨워서 막 어서 와버렸다고 그리여.

④ 처 삼계성 모퉁이라곤 디서 사람 하나가 건정건정 건정건정 허고 와. (……) 그런디, 아, 청구숭게숭게숭게 허고 오더니 나락 다

발 하나 지르르르 끄집어다놓고 앉아서, 요리 히서 어디로 어디로 어디로 어디를 가면 어디를 가냐고 물어. 그리서 요리요리저리로 가면 암디로 간다고 그르케만 갈켜줬드니 핑 가등마.

③은 하얀 운동화를 신고 맵시 있게 옷을 입은 스무 남짓한 젊은이가 불에 타죽는 이야기이고, ④는 감시가 심한 상황에서 낯선 사람이 길을 묻고 떠나는 장면이다. ③에서의 끔찍한 정도는 "막 하이고 뜨거라"의 반복과, "하이고 지겨워서 막 어서 와버렸다고 그리여"에서의 잔인한 장면을 목도한 상황의 급박함과 차라리 외면함으로써 심리적 충격을 상쇄하려는 태도의 표현으로 나타난다. ④에서는 특히 부사어의 사용이 두드러진다. 걸어오는 모양 "건정건정 건정건정"은 제법 먼 거리에서부터 비슷하게 반복되는 걸음걸이를 유지하며 다가오는 모습이, "청구숭게숭게숭게"에서는 혼잣소리로 중얼거리며 다가서는 모습이 떠오른다. "지르르르"는 나락 다발 잡아당기는 동작을 눈으로 귀로 감지하게 만들어주며, "요리 히서 어디로 어디로 어디로 어디를 가면 어디를 가냐고" 묻는 것과 그에 대해 "요리요리저리로 가면 암디로 간다고" 가르쳐주는 장면에서는 가는 길을 조목조목 따져가며 묻는 모습과 또 그에 합당하게 차근차근 알려주는 모습이 구체적으로 나타난다. 마지막 대목 "핑 가등만"은 만화영화의 톰과 제리의 담박질처럼 경쾌하다.

해방과 동란의 사연들이 반세기가 지나 영영 실타래를 풀 수 없는 해결 불능의 수렁에 감추어질 수 있는 것처럼 착각하지만, 발 디뎌 닿는 곳마다 억울하게 살아온 시절의 이야기와 참혹하게 죽어간 이웃의 피맺힌 사연들은 오늘도 여전히 황토, 붉은 핏물 되어 되살아나고 있다. 아무 생각 없이 함부로 밟을 땅이, 이 나라 어디에 한 뼘이라도 있단 말인가.

그때 갈리고, 지금은 뭣을 허는가 몰르겄고만

인생은 살아가는 것이라기보다 어쩌면 살아지는 것인지도 모른다. 내 뜻과 무관하게 별의별 일이 다 생기는 게 인생인 까닭에, 어떤 인생에 대해서건 섣불리 성적 매기려 드는 누군가에게는 그저 당신 인생이나 잘 챙기라는 말밖에 달리 무슨 말을 하리요.

"오빠가 지 동생을 소개를 히가지고 결혼을 힜는디, 어떻게 결혼을 힜는가 허머는, 군인에 가 있으면서 지 동생을 소개를 헌 거여. 하, 이놈이 저 전라남도 완돗사람인디, 하이고 사람도 잘생겼제, 키도 크제, 덕집도 이렇게 좋제. 돈을 갖다가 부대럴 휩쓸어버러. 그렇게 군대생활 헐 것도 없이 밤낮 휴가만 간다 이거여. 아 그런디, 아, 돈을 어떻게 갖다썼냐 허고 나중에 알고 봉게, 저그 성 하나가 광주 검사였었어. 자유당 시절 때 지미, 검사라 허먼 돈 갈쿠질헐 때 아닌

가. 하, 긍게 오빠가 욕심나갖고 지 동생을 주기로 힜어.

　그리가지고 요러케 결혼을 허게 되았는디, 그 아부지가 뭣을 아는 양반이등가, 죽었으면 죽었지 그리 안 여운다고 그러드라네. 근디 둘이 좋아서 산다는디 어치케 헐 거여. 그리갖고 목포서 결혼식을 히가지고 완도를 가는 거여. 아 그런디, 저짝으 시아버지 되는 양반도 나이가 몇 살이면 히야 허고, 글 안 허면 안 히얀다 이거여. 그런디 한 살을 까버렸어. 글 안 허면 가운데 살다가 죽는다 이거여. 근게 나이를 쒁여버렸어, 쒁여가지고 결혼을 힜어.

　완도서 목포 나올 때 그땟돈 팔백만언이면 큰돈이여. 요샛돈으로 억대가 넘는 돈여. 하이튼 이백만언만 주면 집 존 놈 샀응게. 그런디 그놈으 돈을 삼 년에 싹 녹야버렸어. 한 테기 없이. 고놈을 가지고 빠에 쓰고, 머 지나가는 까마구도 주고, 그리가지고 한 삼 년 잘살았제."

그후 곡절 끝에 전남 무안 앞바다에서 김양식을 하게 된다.

"그리가지고 그해에 김을 아 몽땅 힜어잉. 그렇게 몽땅 박어가지고, 여름에 8얼달으 씨만 집어느면 되는 판인디, 인자 일을 거운 마무리히가지고 암시랑않다 히가지고 나는 여그를 왔고잉. 아, 갑짜키 저그로 점심을 먹으로 갈라고는디 느닷없이 택시가 딱 가로막도만 동서 죽었다고려, 열흘배끼 안 됐는디, 만난 지가. 그리서 쫓아가서 봉게로 가겟집에서 쏘주를 먹다가 기관지로 넘어가버렸다 이거여.

그날 저녁에 갖다 파묻어버리고 도주히버렸어. 왜 도주히버렸냐. 바다에다가 몽땅은 박어놨지마는 동네서 누구도 사들 안 히버러. 가만 놔두면 내 것인디 멀라고 사겄는가 동네 것인디, 그르고 사방으서 빚진 놈만 달라들어. 그 많은 돈을……, 니기미 빚 안 졌겄어.

그리가지고 말허자면 자기 시누 되는 사람이 완도에서 거시기를 혀. 양주장을 허는디 근디, 그 참 히안허네, 이 얘기 들어보먼. 그 시누으 시아부지가 앞을 못 봐. 어찌서 앞을 못 보는고니는 양주장 허고 돈이 많헌게 도독놈들이 와가지고 양잿물을 찌클어버렸어. 돈 뺏어갈라고 그리서 두 눈이 다 멀어버렀네.

그 양반이 말허자면 사둔을 데리다가 방을 하나 줬어. 방을 하나 주어가지고 거그서 살면서 뇌력허고 사는디, 아 그렁게 사람 사는 것 보면 다 살 구녁이 있어. 참 히안혀. 아 열심히 뇌력허고 사는 것 시장바닥으서 다 빌(보일) 것 아닌가. 어치게 되았든지.

그런디 거그서 완도 사람 하나가 있었는디, 여그로 말허자면 버스 운전사여잉. 육지로 말허자면, 거그는 뭣이 있는고니 배로 여그 전히 주고 저그 전히주고 허는 사램이여. 아 그런디, 고놈을 하루도 안 움직이면 안 되야. 둘이 히여잉, 교대히감서. 아 그런디, 장모 항갑이라고 이놈을 타고 가면 좋은디 손님들 저기형게 안 되고, 인자 쪼고만헌 거 경운기 대그빡 놓아가지고 타는 놈 있어. 저그 집 식구만 타고 우르러니 갈라고잉. 그리서 갔다 오다가, 밤에, 그 이튿날 교대히양게 갔다 오얄 것 아녀, 아 갔다 오다가 돌풍을 만나가지고 이놈이 엎

188

어져버리가지고 식구들이 싹 다 저기히버렸어. 그런게 저는 시엄을 잘 치고 헌게 살아나왔어. 그러니 앵길 디 댕길 디가 없제잉. 저그 가족들 싹 죽어버렸응게잉.

아, 그렇게 그 아짐씨한티 와서 쫓아만 안 내먼 내가 돈 벌어다 대주고 그럴 텅게 삽시다, 삽시다, 건의를 허는거여 인자. 그렇게 옆의 사람덜이 그것도 갠찬헌 일 아니냐, 자식 갈치고 돈 벌어다주는디 무슨 상관있냐 이거여. 그래서 이렇게 살아 한 칠팔 년을 살았어, 칠팔 년을 살았는디, 요놈이 가만이 생각헌게 꾀가 나덩가, 갈려버렸어. 아 넘으 자식 갈치제 머 소용 있겄어? 근게 하 이놈이 헛배 빠져가지고 인자 갈려버렸네.

아 그리도 식당까지 맨들아주었드라고, 아 광주 터미널 옆으 ○○식당이라고 다 간판까지 써서. 긍게 고생도 지지리도 혔어. 밤 열두시 안에 자보덜 못허고 네시먼 일어나서 히얀다 이 말여. 손님 받얼라머는 네시는 일어나서 히얀다 이 말여. 그리도 머시매 둘, 가시내 둘 다 대학 갈쳤어. 지금은 멋을 허는가 몰르겄고만 그때 갈리고……"

여느 허름한 백반집, 할머니의 표정 없는 얼굴에는, 박복한 놈의 인생, 되돌릴 수만 있다면 백 번이고 되돌렸을 세월의 시침들이 구겨져 있지만, '베랑박(벽)'에 걸어놓은 자식들 졸업사진, 그 빛나는 인생 훈장은 오늘도 태깔 좋게 빛나더이다.

젤로 나중 안보톰 표결에 부치겄습다

"어이 창걸이, 오늘 으제는 우리 동네 창고세에 대한 으제가 먼저 나왔고만이. 그러면 우선 에— 창고에 대해서는 작년도에는 얼매 받었는고?"

"백뉴십만언."

"어, 백뉴십만언이먼, 올히는 세를 얼매를 받으먼 쓰겄냐 그 얘기가 먼저 나와야겠고만잉?"

"그렇지. 그것때미 시앙 뫼았어."

"그것은 임대인과 임차인이 같이 있으야 헐 것 아잉가?

"오늘 총회 있다고 힜는디, 오늘 바뿌다고 안식구는 어디 가고 험서 안 와벌고마이."

"아, 그리도, 오늘 저녁으 총회에서 창고세는 얼매를 받으먼 쓰겄다 그 여론이 나와야, 그것이 나와야 그놈 갖고 가서 절충을 허지."

"그러지."

"아, 뒤에서 홍분덜 허지 말고 말씀 좀 히보시요."

"아, 홍분허고 머더고 헐 것도 없이 사람 죽겠당게. 솔직헌 이얘기가 장사허는 사람덜또 다 사람 죽을 지겡인디, 머 우리 같헌 사람덜이야 머 종전대로 히야지 머."

"아아녀, 그것이 아녀."

"아, 농약 갮이 올랐댜아—"

"아, 비료 값도 이천언이 올라버렸어."

"아, 갑갑허네잉. 아, 올랐드라도 회사에서 현찰 안 가지가면 농약을 주들 안 헌다. 현찰 가지고 가야 농약을 주지, 외상으로 주덜 안 혀."

"그려어. 맞어, 수얼덕 냥반 말이 맞어, 분명히."

"아, 똑같은 거여. 그거는 누가 허나."

일시에 편이 갈려서 갑론을박을 하지만 도무지 진전이 없다.

"아, 가만있어요잉. 우선 처므냐(처음) 으견으로 종전대로 허자는 안이 나왔슴다. 또다른 으견 있으면 말씀덜 허시요잉."

"아, 나는 그리도 한 이십 프로는 올리야 헐 것 아니냐 허는 생각이 드는디……"

"아, 그리요. 이십 프로머는 얼매냐, 에— 이팔에 십뉵. 한 이십몇 만언 되겠네요잉."

"그리고 많이 올랴버리믄 쓰간디."

"아아니, 자기 으사표시만 허믄 되는 것인게 그런 소리는 허덜 말어."

"그러지. 어느 정도 안을 가지고 결정을 히야게."

"그리도 정도껏 히야지."

다시 편이 갈려서 세를 올리네 마네로 한 오 분 동안 격앙된 목소리들이 오간다.

"저, 한마디 히겠는디요, 한마디 허겄슴다. 우리 동네 사람으로는 한 푼이라도 더 받을라고 허는 것이 인지상정인디, 어찌 한푼 더 받자고 허는디 열내는 일은, 그 원인은 어디가 있는 거요, 도대체가? 작년에도 조깨 더 올리받자곤게 한푼이라도 더 깎어서 줄라고 허니, 나, 이해를 못 허겄어, 도대체가."

"허허허허. 아, 열낸 사람은 읎지. 허허허허."

"이해를 못 허겄어. 어찌게 된 영문인지를 몰르겄당게."

"허허허허."

"왜 그르냐고, 왜애? 사탕을 하나 먹은 것여, 술을 한잔 먹은 것여."

"아, 그런 것이 아니라……"

"아, 제가 한말씀 허겄슴다. 잘들 생각히보쇼. 이짝으서나 저짝으서나 서로 수지타산이 맞어야 창고를 쓰는 것인게, 이것저것 생각히 본게 그리도 올히는 한 이백만언은 받어야 헐 것 같은디. 회관은 우리가 쓰고, 창고 앞마당까장 합히서 이백만언."

"아, 그러면 그 안을 표결에 부치겄슴다. 또다른 안 읎죠잉. 젤로 나중 안보톰 표결에 부치겄슴다. 자, 그러면 이백만언에 찬성허시는 분."

"아, 손덜 들어봐아."

"만약에 절충을 헐라면 그것을 개발위언회에 일임을 헐 것인가. 아니면 절충이 안 되먼 총회를 다시 헐 것인가."

"언지는 개발위언회에서 안 헜가디."

"아, 이 사람이 먼 소리를 그러고 허는 거여."

"아, 이 양반아, 언지는 안 그랬냐고?"

"아이, 조용히 혀어. 백구십만언이 되았든 백팔십만언 되았든."

"씨X, 담배 피지 말랑게 담배 피고 지랄여."

"아무개는 술 먹었는개빈디 말 좀 조심허고잉."

"아이고, 더워."

"누가 옷을 뚜껍게 입으랑간디."

"백팔십만언 허자먼…… 그러면 개발위언회한티 일임을 히버립시다."

"아, 절충을 허다보면 유드리가 있는 것인게……"

그날 밤, 밤이 이슥할 무렵에나 마을회의가 끝나고 마을회관에서는 "운다고 옛 사랑이 오리요오마는" "아하 신라의 밤이여어"가 끊임없이 이어지고, "사나이 우는 마음"을 달래듯 달마저 덩실덩실 춤을 추었다.

연애 한번 허고 잪은 생각이 멕힌당게

봄이다. 혼담이 오가기 좋은 계절이다. 무릇 생명 가진 모든 것들이 짝을 짓고 그로 말미암아 비롯되는 일련의 행위가 바로 건강한 당위이고 삶인 계절이다.

"근디 인자 나는 아무 종도 모리고, 슨을 보로 온지 멋헌지를 아무 종도 모리고, 말을 안 헌게. 그전 으른들은 말도 안 헌게."

이는 지금부터 약 오십 년쯤 전 여느 여염집에서나 볼 수 있었던 선보기의 한 장면이다.

"근디 어서 밥히라 그려. 그리서 이렇게 쌀을 갖다 쌀을 까불르고, 우리집이 바로 문을 열면 시암(샘)이 있어요, 되안으가(뒤곁에). 문

열고 시암으 가 쌀을 싳으면 고리 쫓아오지, 벅으로 가서 밥을 안치면 또 고리 쫓아오지. 우리집 또 바로 옆에 우에가 시암이, 아니 저 밭이 있어요. 밭이 가서 반찬이 없은게, 머 꼬초너물이라도 히놔야지. 꼬추 조깨, 연헌 꼬추 따로 가면 또 거그까지 쫓아오지 그리여. 그리서 먼 여자가 저러고 먼 할매가 저러고 댕기는고 이상 알었어요. 인자 그리서 나 허고 짚은 대로 다 허고 돌아댕깄죠. 그서 밥을 히가지고 갖다드맀드니 우리 어머니가 밥 먹어라 그려, 나더러. 그리서 "어머니 어서 잡숴" 허고는 물이랑 다 떠다드리고 나는 돌아댕깄지. 그러는디 그 양반들 한참 방으 앉어서 머라고 이얘기를 허드니, 머 혼담 이얘기를 허는 것 같어. 그서 속으로 저 노인네들 이상허네, 그랬어요. 인자 그맀더니 제 말을 혀. 그서 그때서야 저 사람들이 슨 보로 왔다냐, 그랬어요."

예비신부에게 주어진 첫번째 미션은 밥하기였다. 예비 시댁 어른들은 신부감이 쌀을 씻고, 밥을 안치고, 반찬을 만들고, 밥상을 들이고, 물을 들이는 모든 과정들을 하나하나 지켜본다.

"그때만 히도 수무 살 먹으면 먼 종 알가뇨? 그때 수무 살을 먹었었네. 지금 애들 수무 살 먹으면 학교나 뛰어댕기고 머 먼 종 알어요? 근디 그때만 히도 학교도 안 댕기고 아무 종도 몰로고 그지. 집이서 일이나 허고 부모들이 시키면 시키는 일이나 힜었지. 그리서 아무 종도 몰로고, 왔다리 갔다리 왔다리 갔다리 왔다리 갔다리 험서 밥을 허고 막 그러고 힜드니, 인자 당신네들은 맘으 흡족헌게 그만허먼 되았다. 그런게, 당신네가 와서 한번 봐라, 인자 그런 이얘기가 실쩍 둘와요. 그래서 인자 속으로 참 노인들 이상허네, 무슨 시집, 내 시집가는가봐라, 그랬어요."

집안일만 하며 살아온 스무 살 처녀는 갑작스럽게 찾아온 혼담에 '내가 시집가는가봐라'는 되알진 다짐으로 거부한다.

"아, 그랬드니 울 아버지가 여그 오셔서 선을 보고 와서는 바로, 우리 아버지가 술을 좋아혀. 술을 좋아헌게 그 쬐깐헌 사람을 보고 기양 허락을 히버렸네. 기양 그 자리서 그냥 그 자리서 허락을 히버리갖고, 시집 안 간다고 걍 갸아앙 가을 내로(내내) 울었지. 쬐깐헌 것을 시집보내 말어 허다가, 어트게 얼렁뚱땅히서 와버렸네요. 시집온 일 생각허먼 웃겨, 지금도. 먼 꿈인가 생신가, 내 그러네요, 지금도. 어찌게 이상시러, 말 한마디도 못 허고 어찌도 못 허도 걍 그때는 그르케 어거지로 부모들이 그르케서 보냈는디, 어쩔 수 없이 살등만요."

전혀 다른 방식으로 살아야 하는 시집에서의 삶, 그 삶에 대해 깊이 생각하고 준비할 겨를도 없이 우리 어머니, 할머니들은, '얼렁뚱땅허고' '이상시럽고' '웃겨' '말 한마디 못 허고' '꿈인가 생신가 허다가'

시집을 와버린다. 그리고 아들딸 낳고 평생을 살아간다.

"그리서 내가 그리요. 지금 내가 아가씨 같으믄, 내가 째깐히갖고 학교 댕기고 근다면, 멋진 남자랑 연애 한번 허고 잪은 생각이 맥힌당게."

그 우습지도 않은 삶이 상식이었던 우리 어머니와 할머니들에게는 '고런 생각이 맥히는 것'이 당연하지만, 그러나 그것은 생각일 수밖에 없는, 그런 삶이 바로 인생이다.

왜 퇴끼가 자발맞은 인생이 되았냐 허먼

"산고라당(산골짜기)으 가서 두께비허고 호랭이허고 퇴끼란 놈허고 스이 어쩌케 저들찌리 사는디,"

"할머니! 두꺼비랑 호랑이랑 토끼랑 어떻게 같이 살아?"

"그렁게 이얘기지이."

"응—"

"동지섣달 눈은 퍼얼펄 날리고 보닌게 먹을 것이 없어. 배가 쪼록쪼로옥허고 인자 서로 낯바닥만 몰곳이 치다보고 있은게,"

"할머니 '몰곳이' 가 뭐야?"

"배는 고픈디 어떻게 헐 수가 없으닝게 그냥 맥읎이 얼굴만 멀뚱멀뚱 치다보는 거여."

"응."

"그런디 퇴끼란 넘이 그리도 조깨 영리허다고 꾀를 내가지고, 퇴끼 시기는 대로 호랭이가 어느 부잣집 곳간으로 들어가가지고서는 찹쌀을 솔찬히(제법) 도적질을 허고, 또 시루를 도적질히다가 바우트매기다가 두께비란 놈보고 불 때라고 힜댜아."

"호랑이가 토끼 잡아먹으면 될 텐데……"

"아, 그리도 저들찌리 항꼬(함께) 사는디 잡어먹으먼 쓰겄냐, 모다 친구들인디……"

"응."

"이것을 어치케 어치케 히갖고 떡을 우물쭈물 맹글어놓고서 보니, 어쩌케 굶주린 짐승들이든지 혼차 먹어도 양이 모지래게 생깄드리야. 그리서 호랭이가 꾀를 낸다는 것이 모집이 속으다가 떡을 돌금돌금 저범저범히가지고 한 바구리를 꽉 느가지고."

"할머니 모집이가 뭐야?"

"옛날으 그 대막가지(대나무)로 짜서 맹근 것 있어. 바구리맹이로."

"응? 대바구니?"

"그려, 그리서 상상말랭이(산봉우리) 산뽁대기 올라가서 이놈을 궁글려가지고 질로 밑이 내리가서 먼저 잡는 놈이 다 먹기로 힜당만. 근디 두께비란 놈이 그러믄 바구리를 내가 궁글릴란다고 그맀댜. 그런디 두께비란 놈이 한쪽은 꾹 눌르고 한쪽은 비시감치 열어놨단 말여. 그리갖고 바구리를 냅다 궁글린게 한 바쿠 굴러가먼 한 뭉텡이, 한 바쿠 굴러가먼 또 한 뭉텡이썩 떡이 빠져나오는디, 퇴깽이란 놈은 앞발모가지 짤룬 것이 한 쪼객이라도 얻어먹겄다고 죽자 살자 뛰어쌓고, 호랭이란 놈은 떨썩떨썩 내리가서 보닌게 결국 산 중턱까장 오다가 떡은 싹 빠져버리고 빈 바구리만 데걸데걸 궁굴러 내려왔드라 이거여."

"할머니, 토끼가 빨라, 호랑이가 빨라?"

"퇴끼는 뒷발이 질고, 앞발모가지가 잘롸서 올라는 잘 가는디 내리갈 때는 잘 못 뛰는 것이거든."

"그렇구나."

"그리갖고 퇴끼는 그 담박질허고 숨이 가뻐서 방정맞은 인생이 되고, 호랭이는 죽을 만치 욕만 보고 하나도 얻어먹들 못히서 고로코 싸납게 되았고, 두께비는 그 떡 많이 먹어서 배아지가 불쑥허다고 허는 말이 있디야."

"히, 정말로?"

"그려, 안 고로코 생겼드냐. 퇴끼는 자발맞고, 호랭이는 사납고, 뚜께비는 배아지가 뿔룩허고……"

"정마알!"

호랑이와 토끼와 두꺼비가 함께 살 턱이 없고 이 짐승들이 떡을 만들 수도 없을뿐더러 저희들끼리 무슨 작당, 모의를 할 말 또한 통하지 않을 것이니, 이 이야기는 황당무계하기 짝이 없다. 하지만 토끼의 인생과 호랑이의 성품, 그리고 두꺼비의 몸매에 대한 우리의 통념과 엇비슷하게 들어맞아, 마치 이 이야기는 각각의 짐승들이 그렇게 된 까닭을 설명하는 것처럼 황당한 이야기치고는 제법 이치에 닿는 구석이 있다. 게다가 이야기를 들으면서 우리는 호랑이, 토끼, 두꺼비를 마치 덩치 크고 우악스럽게 생긴 녀석과 재빠르고 자발맞은 놈, 그리고 둔하고 못생겼지만 그래도 제몫을 은근히 잘 챙기는 '으멍헌(음흉한)' 녀석쯤으로 여기게 되고, 그런 녀석 셋이서 산중턱 어디쯤에 있을 동굴 속에서 함께 웅크리고 앉아 작당을 하고, 떡을 만들고, 또 이리 뛰고 저리 뛰는 시끌벅적한 상황을 상상하게 되는 것이 이 이야기의 재미다.

이 이야기는 지금 같으면 텔레비전의 전래동화 프로 〈은비까비〉에서 사람처럼 묘사된 세 짐승들이 친절하게도 우리의 상상을 대신해서 그려지고 방영될 성질의 것이다. 말하자면 침대에서 서양식으로 잠드는 우리의 손자들에게 할머니의 무릎과 옛날이야기는 더이상 유년의 정서와 상상력의 원천이 되지 못한다. 즉 방언과 더불어 우리가 잃어버린 소중한 것은 할머니가 들려주시던 옛날이야기만이 아니다. 할머니의 손자, 손녀에 대한 애정은 인간이 가질 수 있는 가장 포근하고 따스한 정서이며, 그것은 손자, 손녀가 가져야 할 유년의 중요한 한 정서이다. 그 자리를 텔레비전과 컴퓨터에 빼앗기고 예쁘고 싱싱한 목소리의 허상에 길들여지면서, 낡고 촌스러운 것 같은 할머니와 관련된 일련의 모든 것이 21세기를 살아가는 우리의 아이들에게 완전히 공백으로 자리잡게 된다.

인간이 사회적 동물로 성장하는 과정에서 가장 일차적으로 형성하는 사회 교류망은 가족 구성원이다. 어머니와 아버지, 동생과 누나, 형,

그리고 할머니, 할아버지, 삼촌, 고모 등 가족과의 교류가 한 인간의 사회적, 문화적, 정서적 바탕을 형성하는 배경이다. 이 과정을 통해서 한 인간의 외부세계에 대한 인식과 태도가 형성된다. 그리고 이 과정에서 가장 중요한 것이 깊은 신뢰를 토대로 한 인간적 교감이며, 만지고 안아주고 하는 따스한 신체 접촉을 동반한 일상적 말하기가 지속적으로 반복되고 유지되어야 한다. 그 말하기는 물론 자신이 속한 공동체의 방언으로 이루어지며, 그러므로 방언은 모든 인간에게 일차적인 정서의 바탕을 형성하게 되는 것이다.

이제는 일차적 사회 교류망의 구성원들이 달라졌다. 할머니, 할아버지를 비롯한 고모, 삼촌이 담당해야 할 자리를 뽀뽀뽀 친구들과 유치원 선생님, 그리고 컴퓨터게임 속의 허상들이 차지하고 있다. 그리고 곧 그것들이 현대 아이들에게 정서의 원형으로 자리잡아가고 있는 것은 아닐까. 한가한 어느 토요일 저녁 혹은 비가 오는 조용한 저녁 한때, 성년이 된 우리의 아이들이 그리워할 것이 혹시 맥칸더 브이는 아닐는지……

참새가 크다고 알 낳는 것이간디

　옛날 옛날 간날 간날에, 여그 논 댓 마지기만 팔어도 만주 가서 살 머는 논 닷 섬지기는 장만허고 산다고들 허는 말이 있었답니다. 그리서 어떤 내오간이 그렇게 허기로 작심을 허고 만주로 갔드래요. 근디 막상 거그 가서 살어본게 바람 썰썰 불고 타지 가서 정을 붙일 수가 없거든. 그리갖고 남편이 부인보고 "아이, 부인 여그는 산도 설고 물도 설어갖고 쓸쓸히서 못 살겄네. 빌어먹드래도 고향 가서 사세" 그랬답니다.

　그리갖고 고향을 내리오는디, 함경도 어디쯤 와갖고 빵긋헌 집 주인을 만났는디, 아, 그 쥔이 그 여자를 보닌게, 가히 미색이고 헌게 자기 집이서 일을 허라고 허드랍니다. 그리서 한 삼 년 고생헐 폭 잡고 그 집이서 일을 허기로 힜는디, 여자는 안채에서 서답(빨래) 겉은 것을 히주기로 허고, 남자는 사랑채에서 농사일을 보게 되았답니다.

근디, 안채 사랑채가 서로 구별이 되아갖고 있어서 삼 일에 한 번썩배끼 못 만나게 되았는디, 아 한 두어 달 되아서보톰은 여자가 열흘이 되아도 안 나올 때가 있고 헌게, 남자가 꼬마뎅이한티 심바람을 시기가지고 즈그 마느래를 나오라고 헌게, 마느래 허는 말이 넘으 집 없혀삼서 그렇게 자꼬 구찮게 불러내쌌냐고 허드랍니다. 그럼서 우리가 삼 년 기약을 힜은게, 삼 년만 채우고 가자고 그러드랍니다.

근디, 남자가 볼 적으 조깨 이상허거든. 그리갖고 하루는 밤중에 수채구녁으로 가까스로 들어가서 안채 엿을 본게, 죄다 불 끄고 자는디, 아, 주인놈허고 자그 마느래허고 서로 짚은 이얘기를 나누드랍니다. 그리서 으뜨케 부애가 나든지, 기튼날(그 이튿날) 부인을 불러갖고 나 그냥 내리갈랑게 논 닷 마지기 판 돈이나 내노라고 헌게, 아, 부인이 언지 나한티 맽긴 돈 있었드냐고 그럼시나 딱 잡어띠드라요. 아, 그리서 대번 머리채를 잡어서 몇 번 끌팍거리고 헌게, 주인이 나와갖고 부인 역성을 들드랍니다.

참, 억울헐 일이지. 얻다 하소연도 못 허고 그리갖고 참 폭폭헐 노릇으로, 질 가티(길 옆에) 앉어서 울고 있는디, 어떤 여학생 하나가 지내가다 말고 자꼬 먼 일이냐고 묻드랍니다. 그리서 구찮다고 어서 핵교나 가라고 그런게, 여학생 허는 말이 참새가 커서 알을 낳디야고 이렇게 쪼깐헌 사람도 무신 이견이 있을랑가 몰릉게, 속으 있는 이얘기나 한번 히보라고 허드랍니다. 그리서 참 헛심 팽길 일인지 암시나도 그 학생이 하도 기특헌게 있는 이얘기를 조르르 힜답니다. 그렁게 그 여학생이 경찰서를 가가지고 그 쥔이랑 부인이랑 다 잡어오라고 히갖고는 취조를 허는디 즈덜찌리 다 짜고 왔은게 먼 수가 있간디, 징거도 없는디.

그런게 그 여학생이 허는 말이, 사람 하나 들어갈 만헌 궤짝을 하나 짜돌라고 히갖고, 사람 보는 디서 여자를 거그다 느라고 힜드래요. 그리고는 인자 사람들한티 점심 먹고 다시 들오라고 험서 못질을 힜답니다. 그리갖고 조깨 있다 사람들이 오닌게, 한번은 남편한티 그 궤짝을 지게다 지고 사람 없는 디 어디를 한 바쿠 돌고 오라고 힜드랍니다. 그리고 또 한번은 주인보고 그 궤짝을 지게다 지고 또다른 디를 한 바쿠 돌고 오라고 힜드랍니다. 그런게 남편은 지게를 짊어지고 감서 바락바락 욕을 허드래요, 이 죽일 년 살릴 년 험서나. 그리고 또 쥔이 지게를 짊어지고 감시나는 사람 없는 디 어디쯤 간게, "속에 있는가?" 허고 묻드래여. 그런게 "예" 허고 소리가 나드래야. 그런게, 헌다는 소리가 "삐뚝허먼 컬나네" 그런게 여자가 "예" 허고 대답을 허드래요.

그래서 인자 그 궤짝을 사람들 있는 디로 가서 내리논게, 그 여학생이 사람들 다 보는디서, 그 궤짝을 끌르라고 허드래요. 그런디 그 속으서 나오는 사람이 그 여자가 아니라 다른 여자여, 이를티면 여자 경찰여. 아, 그리갖고 들은 대로 말을 허라고 히갖고 그 남자 원한을 풀어주드랍니다.

근게 쪼깐허다고 무시허먼 안 된당게. 참새가 크다고 알을 낳는 것이간디, 쬐깐히도 다 이견이 있고 생각이 으른들 못지안허게 짚을 수가 있는 것인게……

이 이야기는 부안군 줄포면 노인회관에서 녹취하여 『한국구비문학대계』에 실린 것을 필자가 다시 요약하고 정리한 것이다. 말하자면 우리 선조들은 이런 방식으로 살아가는 지혜를 이야기 속에 담아 나누며 살아온 셈이다. 그 이야기 전체가 방언으로 구성된 일종의 교과서라고 할 만하다. 이야기를 듣는 재미 속에 살아가면서 생각해봄 직한 문제와 지혜를 담아내는 것이기 때문이다. '참새가 크다고 알을 낳는 것이간디'라는 말마따나, 방언으로 전해지는 빛나는 예지를 주목할 필요가 있지 않을까.

설마 나 때리기사 헐라디야 내가 그리도 어산디

 어떤 부인이 하나 나오는디 어처게 이쁘든지 말이여. 참 월궁선녀 같고, 물 찬 제비 같고, 떠도는 부용 같고, 돋어오는 반달 같고 말이여. 기가 맥히게 이뻐. 그 사랑으 들어서도 욕심이 잔뜩 나. 그리서 인자 한 삼경쯤 되아가지고 안방 문 열고 안채로 갔어. 가서 보닝게 바느질을 혀. 밤으 가서 본게 더 이쁘거든. 썩은 낭구에 부용이 앉은 것맹이로 참말로 기가 맥히게 이뻐. 그리서,
 "내가 다른 사람이 아니라 어사 박문수요. 그런디 내가 천지를 다 다녀봤어도 당신 같은 인물은 못 봤어. 그런게 나허고 오늘 동품을 허면 어찌겄소?"
헝게로 목침 하나 탁 떵기드니만(가져다놓더니만),
 "너 이 자식, 나가 매 히와. 니가 이놈아, 일인지하 만인지상으로서 순찰허러 댕기라고 힜지, 넘으 유부녀 강간허러 댕기라고 혔냐?

이 자식아, 너는 매를 맞아얀게 히와!"

그러드랴. 그리가지고 그 나무청(廳)으 가본게 물푸레나무라고 있네. 그 손꾸락만헌 것, 아 요만헌 것이 있그든. '설마 나 때리기사 헐라디야, 내가 그리도 어산디' 그리가지고 방으 들으가서 앞이다 놨단 말여.

"그 목침 욱으 올라서! 이 자식아, 다리 걷고."

그리서 댄님 끌르고 그 가랑이 끝쪽 접어서 다리 걷고 올라슨게,

"조리, 발 가게 돌아서"

그러드니 걍 시게 딱딱 친게 베락불이 나게 맞었어.

"나가 자거라. 그 팔도 어사면 어사 행동허고 댕기야제, 이 자식아. 넘으 유부녀 강간허러 댕겨."

다음날 아칙(아침)으 일찌감치 갈라고 행차를 채리는디, 물을 따땃허니 디고, 양치질 소금끄정 갖다가,

"시수허시오"

히서 그 인자 시수힜지. 시수허고 망건 씨고 갓 씨고 인자 얼른 와버릴라고 허는 찰란디,

"식사허십쇼"

그러고 밥상을 내. 이거 매 맞은 일을 생각허면 안 먹어야는디 '에이 먹고나 가자' 허고 인자 갈렸네.

그러고는 인자 돌아댕기다가서는 주막으로 갔는디 안주인이 썩 보드만, "저짝 뒷방으로 가시오"

그리서 그 방으 가본게 깨깟이 되비(도배)허고 좋거든. 그 일찌감치 저녁밥 먹고 잘라고 허는 순간에 그 여자가,

"선비님 뵙시다. 저로 말헐 것 같으면 다른 사램이 아니라 이집 안주인이올시다. 선비님을 본게 키도 좋으시고 얼굴도 비범허니 지가 오늘 하룻저녁 모시고 동품허고 잪읍니다"

허고 자청을 혀. 아이참. 그 이얘기를 듣고 보닝게 엊저녁으 그년한티 매 맞은 일이 생각이 나거든. '에이, 요년한티 내 부애풀이를 히야겄다' 허고는,

"네 이년! 일개 여자로서 그래 남자한티 간청을 허다니, 죽일 년이 있는고. 당장 나가 매 하나 갖고 오니라"

아 그런게 여자가 기맥힌 일이여. 큰일났지, 좋은 일 허자고 허는디 매를 히오라니. 어치게 되았건 엊지녁으 그놈만헌 놈을 골랐던갑대. 갖다줬지. 참 엊지녁 꼭 그 식으로 목침을 댕김서,

"너 이년 목침 욱으 다리 걸고 올라서"

그리가지고 그 식으로 시게 쳐부렀어. 아, 이년이 걍 되게 맞어논게 찍찍 움서 들어갔다. 걍 쪼금 있응게, 아 어떤 사램이 퇴머리(머리끈) 찌끈허더니 말여, 문을 열고 썩 들어옴서, 인사를 극진허게 허거든.

"저는 이 집 주인이올시다. 인자막 매 맞고 나간 것이 지 계집이올시다. 저것이 인물값을 허니라고 우리 주막으 남자가 온다 치면 꼭 저년이 하룻저녁 데리고 자서 보냅니다. 그리서 오늘 저년 행실을 낼 상불러서 칼을 장만했습니다. 보십시오. 선비님허고 우리집 계

집허고 동품했다 허먼 이 칼로 걍 두 년놈 모가지를 싹 긁을라고."

아, 시퍼런 칼을 본게 소름이 짝 끼치네. 아실아실허니……(박순호, 『한국구비문학대계 5-6 : 전라북도 정주시 정읍군 편』)

이 이야기의 주인공 어사 박문수는 여염집 아낙을 넘보려다가 그 여자에게 종아리를 맞는 수모를 당한다. 그리고 다음날 이제 입장이 바뀌어서 어느 여염집 아낙이 자신을 유혹하게 된다. 바로 그때 어사 박문수는 그 아낙에게 분풀이하듯 어제 당한 수모를 똑같은 방식으로 되갚아준다. 그리고 잠시 후에 그의 남편이 들어와 "만약 당신이 내 아내를 품었다면 두 사람 모두 죽었을 것이다"라고 말한다. 결국 이 이야기는 어사 박문수에게 생긴 전날의 그 우연한 사건이 다가올 위험을 예비하게 하고 그로부터 그의 생명을 보전케 한다는 이야기이다.

그 유명한 어사 박문수가 이 이야기에서는 어사가 아니라 마치 방자 같아 보이기도 하지만, 어떻든 이보다 재미난 도덕교과서가 또 어디 있겠는가. 지금으로 치자면 인기 있는 일일연속극이다. 아니면 〈범죄의 재구성〉이든지 〈살인의 추억〉 정도의 재미난 영화쯤은 되겠다.

텔레비전도 없고 라디오도 귀하던 시절에는, 그렇다고 해봐야 겨우 한 삼십 년 전이지만, 바람 찬 계절이 오면 어김없이 삼촌 고모 형 동생들이 이불 하나 깔아놓은 아랫목에 뺑 둘러앉아서, 이불 잡아당겨가면서 무도 깎아먹고 고구마도 삶아먹고 동치미 국물도 한 모금 나눠먹어 가면서, 이야기꽃이 피고 지고 그렇게 밤이 조용히 이울어가기만 했었다. 개 짖는 소리 멀리 들리고 달 서녘 하늘로 기울 무렵이면 또 흰 눈은 소리 없이 어둠을 덮어 아침을 재촉하던, 그 조용하고 그리운 시절이 엊그제 같은데…… 세월은 참 빠르기만 하다. 아, 네월은 어떻게 올랑가.

파요파요 보고 잪어요 임의 화용을 보고 잪어요

시대는 다르지만 양상은 비슷한 두 노래를 소개한다. 하나는 '숫자송'이고 다른 하나는 '글자송'이다. 숫자든 글자든 배우는 시기는 얼추 비슷한 것을 감안한다면, 이 두 노래는 시대를 달리하지만 비슷한 세대가 향유하던 비슷한 방식의 동요인 셈이다.

숫자송
1 일 초라도 안 보이면
2 이렇게 초조한데
3 삼 초는 어떻게 기다려.
이야이야이야이야
4 사랑해 널 사랑해.
5 오늘은 말할 거야.

6 육십억 지구에서 널 만난 건

7 럭키(lucky)야. 사랑해, 요기조기 한눈팔지 말고 나를 봐. 좋아해, 나를 향해 웃는 미소 매일 매일 보여줘.

8 팔딱팔딱 뛰는 가슴

9 구해줘, 오 내 마음.

10 십 년이 가도 너를 사랑해. 언제나 이 맘 변치 않을게.

앙증맞다고 해야 옳다. '숫자송'을 비롯하여 '당근송, 라면송' 등을 거침없이 불러대는 아이들의 낭랑하고 자신감 넘치는 목청 앞에서, 영문도 모르고 말문도 막히는 구세대들은 거대한 물결에 휩쓸려 시대의 툇마루로 밀려가는 것을 실감해야 한다.

그런데 이런 시대의 변화가 예전이라고 별반 달랐을까 싶은 '글자송'이 있다. 물론 숫자송과의 연계를 염두에 두고 계보로 따지자면, '일자나 한 장 들고나 보면'의 각설이 타령이 먼저일 테지만, 그 계보 중 어디쯤에 있었음 직한 글자송도 지금의 숫자송처럼 한때 당시의 앞 세대를 뒷전으로 몰아세우던 시절이 있었을 듯하다.

글자송[*]

기억니은디귿리을 기억 사이다 집을 짓고 지긋지긋허드락(도록) 사잤더니

가갸거겨 가이없는 이내 몸이 거지(거처) 없이도 되얐네.

고교구규 고생하시는 우리 낭군 구원(救援)하기 짝이 없네(병구완할 방법이 없네).

나냐너녀 나귀 등을 손질하여 조선 십삼 동 유람을 가세.

노뇨누뉴 노류장화 진계유지 처처마다 있건마는

마먀머며 마자마자 허였더니 임의 생각이 또다시 나네.

모묘무뮤 모지도다 모지도다 한양의 낭군이 모지도다.

바뱌버벼 밥을 먹자 허였더니 님 생각에 목이 메어서 못 먹겄네.

보뵤부뷰 보고지고 보고지고 한양의 낭군을 보고지고

사샤서셔 사신행차 나쁜 질에 중화참이 늦어졌네.

소쇼수슈 소슬 단풍 찬바람에 울고 가는 저 기러기 이내 소식을 전코 가소.

아야어여 아가 담쑥 안었던 손이 인정 없이 멀어지네.

오요우유 오동곳간에 거문고를 새 줄 매어서 타노나니, 백학이 벌떡 진작허고 우쭐우쭐이 춤을 춘다.

자쟈저져 자주 종종 오시던 님 소식조차 돈절허네.

조죠주쥬 조별(早別)낭군이 내 낭군인디 편지조차 아니 오네.

차챠처처 차라리 이내 몸이 죽었더라면 이런 꼴을 아니 볼걸.

초쵸추츄 초당 안에서 깊이 든 잠 학의 소래(소리) 놀래 깼네. 그

---

* 글자송은 군산시 소룡동 수심양로원에서 원광대 박순호 선생이 김순엽 할머니(1982년 조사 당시 칠십사 세)로부터 녹취하여 『한국구비문학대계 5-4 : 전라북도 군산시 옥구군 편』에 채록해놓은 것이다. 이 책에서 이 노래의 제목은 '언문풀이'로 되어 있다.

학소리는 간 곳이 없고 흐르나니 물소래라.

　카캬커켜 용전도(勇戰刀) 드는 칼로 요내 목을 비어주오.

　코쿄쿠큐 클클이 슬픈 한을 그 누래서 알아주나.

　타탸터텨 타도타도 월타도에 그 누구를 바래고 내가 여그를 왔는가.

　토툐투튜 토지지신이 감동하야 임을 보게 와주오.

　파퍄퍼펴 파요파요 보고 잪어요 임의 화용을 보고 잪어요.

　포표푸퓨 폭포수 흐르난 물에 풍덩 빠져 죽어나볼까.

　하햐허혀 한양낭군이 내 낭군인디 어이하여서 못 오시요.

　호효후휴 호협허게 먹은 마음 단 사흘이 못다 돼서 임의 생각이 또다시 나네.

　한글을 배우던 시기가, 늦어도 처녀 시절 이전일 것으로 추정한다면 이 노래로 글자를 배우던 대상의 연령층은 지금의 숫자송 세대와 얼추 비슷하지 않았을까. 아이들이 사랑을 주제로 노래를 하고 있으며 사랑을 노래하는 방식이 어른들 뺨치듯 구체적이고 사실적이라는 점에서, 두 노래는 비슷한 정도로 파격적이고 흥미롭다.

　기억 사이에 집을 짓고 지긋지긋할 정도로 오래 살자던 태도나, 일초라도 떨어질 수 없이 온통 서로 따뜻하고 행복하게 십 년이 지나도록 사랑하자는 태도는 서로 다를 바가 없다. 문제는, 한 편은 육십억 사람 가운데 만난 행운 같은 사랑을 달콤하게 즐기며 살아가는 행복한 정서와 발랄한 리듬으로 일관되어 있는 반면, 한 편은 감감무소식인 낭군을 처절하게 기다리다가 지치고 지쳐서 차라리 잘 드는 칼로 자신의 목을 베어달라고 말하며 폭포수에 몸을 던져 처절한 기다림의 고통을 잊어 버리겠다는 슬프고 고통스러운 사랑의 애절함을 드러내, 서로 대조를 이룬다는 점이다.

    보통 우리의 전통적인 정서를 한의 정서라고 말한다. 이것은 곧 죽음 과도 같은 절망과 슬픔을 끝끝내 견디며, 원망스러움과 그리움을 가슴에 앙금으로 가라앉히며 살아가는 태도를 말한다. 글자송에서의 정서 또한 죽을 듯이 절망하면서도 사흘도 못 되어서 다시 임 생각을 한다는 점에서 그와 같다. 우리는 보통 사랑은 자신을 희생할수록 아름답다고 여겼으며 오래 기다려 간절해진 사랑의 깊이를 사모하며 자라났다. 그 래서 사랑하는 사람을 향해 자신의 삶 전체를 걸고 애끓게 그리워하며, 평생을 한 사랑으로 일관하는 것을 미덕으로 여겨왔다. 핸드폰과 컴퓨터가 생겨서 통신이 자유로워진 세대들에게 사랑하는 사람을 잠시라도 기다리게 하는 것은, 시대착오적 태도이거나 변심의 징표이다. 천 년의 방언과 문화도 그리고 그 정서도 이제는 매스미디어로 무장한 신인류가 외치는 '이야이야이야' 소리에 떠밀려 세월의 강을 건너가야 하는 것이리라.

써내기 타고 컨산내리지기로 갯것 간다고

군산에서 뱃길로 한 시간 반쯤 가면 동화 같은 땅, 고군산군도를 만나게 된다. 파도에 밀려 떠다니지나 않을까 싶은 작은 섬들이 올망졸망 모여 있어 그 자체가 신비인 고군산군도. 그러나 이제는 자동차를 타고 갈 수 있게 되었으니, 수천 년 동안 내려오던 섬의 정취가 사뭇 달라질 지경에 이르렀다. 이 글에서는 말도 많고 탈도 많은 새만금 간척으로 말미암아 그 동안 간직해온 신비감을 잃게 될 땅, 고군산군도의 삶을 전래지명과 방언 어휘들을 통해 만나보자.

바다와 섬, 그 거칠고 외로운 환경에 적응하며 살아온 섬사람들의 생활은 뭍사람들이 생각하는 것보다 훨씬 고단했다. 지금처럼 좋은 배들이 만들어지기 전에는 섬을 떠나는 것조차 힘든 일이었다. 그 섬에서 나서 그 섬에 묻혀야 하는 운명적 탄생 자체가 고통이었는지 모른다. 온종일 바다와 하늘만 바라보며 멈춰버린 듯한 시간 속에서 살아야 했던 사람들. 그래서 그런지 고군산군도의 섬들에는 오래 전부터 내려온, 뜻도 모를 이름들이 고샅마다 붙어 있다.

- 동네 이름 깔따끄미, 무시끄미, 찡끄미, 쌩끼미, 만석끄미.
- 암초 이름 검은여, 신여, 마당여, 문여, 주벅여, 만잔여, 작은여, 큰여, 숨은여, 멍등여, 따끈여.
- 해안 이름 구물장불, 진장불, 띠반네기장불, 살막끄미장불, 은골장불, 대끄밋장불.
- 특정 구역 이름 올꺼티, 서꺼티, 재공밑이, 단소끝, 낭끝이, 떨꼬테, 살끝이, 지시락, 컨산내리지기, 깨진밭모팅이.
- 나루터 이름 진또, 청돌, 안또, 잘푸도.
- 무인도 이름 쑥섬, 쥐똥섬, 비부락섬, 서당섬, 시루섬.
- 재 이름 밭너무, 통계너무, 당너무, 가장너무, 큰재너무, 구렁너무, 도너무, 새미너무.
- 바위 이름 쇠코바우, 구녕바우, 딴노지바우, 중바우, 엎진바우.

전통적으로 남녀의 주업이 구분되어 있던 시절, 이곳 또한 바깥일과 안일이 엄연하게 구분되어 있었다. 남정네들은 배를 타고 나가 고기 잡는 일에 전념하고, 아낙네들은 '갯것(조개를 캐거나 굴을 따는 일)', 밭일, 약초 캐기와 더불어 안살림까지 도맡아 했다. 남정네들이나 아낙네들이나 자신들이 생활하는 터전과 행위 하나하나에 이름을 붙여 서로 공유해온 결과가 전래지명이고 방언인 셈이다. 그래서 그들의 대화는 뭍사람들에게 마치 암호처럼 느껴진다.

"너그매 으디 가샀냐?"
"아부지랑 써내기(船外機) 타고 컨산내리지기로 갯것 간다고 허시든디요?"
"아이고, 무사 죽겄네. 겁도 없네잉. 거그서 먼 갯것을 헌다고."

물이 '쓰고(빠지고)' 나면 아낙네들은 소쿠리나 '꿀자루(굴자루)'에 '호멩이'나 조새를 들고 '검은여, 조금널구석, 떨꼬테' 등으로 '다지금(제각각)' 갯것을 나간다. 정말로 먹고살기 힘든 시절에는 더 좋고 신선한 조개와 미역, 그리고 굴을 따기 위해 보기만 해도 아슬아슬한 낭떠러지를 내려가 갯것을 했다고 한다. 오죽했으면 야미도에는 '애기 밴 여자 낑겨 죽은 바오'라는 지명이 있을까.

아낙네들이 섬의 구석구석을 샅샅이 뒤지고 다니며 약초며 해산물이며를 캐고 다닐 때, 남정네들 또한 그 거친 바다와 실랑이를 벌이지 않으면 안 되었다. 뗏마(떼배) 타고 나갔다가 풍랑을 만나 일주일을 표류하다 살아난 이야기, 초가 이엉 만들 지푸라기 사러 부안 계화도에 나갔다가 '두대배기(돛이 두 개 있는 배)'가 전복되는 바람에 대여섯 집 제삿날이 같다는 이야기, 그럼에도 불구하고 연평도서 완도까지 서해 전체를 누비며 다니다가 안개 자욱한 날 쏜살같이 지나가는 '헛배(유령

선)'를 보고 만선기 꽂아 돌아왔다는 이야기 등은 여전히 투박하고 억센 섬 사나이들의 삶이 고스란히 깃든 무용담들이다.

한편 그 고단한 삶을 살아오면서, 혹은 늘 같은 풍경 속에서 붙박이로 지내오면서, 사람들은 자신의 처지를 돌아보거나 새로운 세상을 꿈꾸는 온갖 이야기 문화를 발전시켜오기도 하였다. 귀양 온 벼슬아치가 이곳에 올라 날마다 임금께 절을 올렸다던 망주봉*, 최치원 선생의 탄생설화가 남아 있는 금도치굴**, 최치원 선생이 이곳에 올라 글을 읽자 그 소리가 당나라까지 들렸다는 월영대, 과거 보러 간 남편이 작은부인 데려오는 것을 보고 아이 업은 채로 돌이 되었다는 장자도의 할미바우 이야기. 그중에서도 퍽 기이한 이야기는 이곳에 범씨 천 년의 왕국이 건설된다는 정감록 이야기이다. 선유도 진말을 중심으로 해서 동서남북에 문이 있는데, 동문은 '꼬찌(관리도의 전래지명)'의 쇠코바우, 서문은 선유도 나매기의 금도치굴, 남문은 야미도의 구녕바우, 북문은 방축도의 구녕바우, 그곳에 각각 동서남북의 문이 생기고 바다가 육지로 변하게 되면 천 년 영화를 누릴 수 있다고 한다.

방언조사 나온 필자를 깨워 안개 자욱한 새벽 바다에 빈 낚시 드리워

---

* 선유도 해수욕장의 관광 사진 속에 언제나 등장하는 망주봉은 '望主'라고 하기도 하고 '望舟'라고 하기도 한다. 그래서 이곳 사람들은 큰 봉우리를 '큰돛', 작은 봉우리를 '작은돛'이라고 부르기도 한다. 이곳에는 아기장수 설화가 남아 있기도 하다.
** '도치'는 '돝', 즉 돼지이다. 따라서 금도치굴은 '금돼지굴'을 말한다. 밤마다 누군가가 방에 들기에 하루는 그의 옷에 실을 꿰어두었다가 아침에 그 실을 따라 가보니, 그곳이 금도치굴이었다고 한다. 그후 산기가 있어 태어난 아기가 최치원 선생이라고 한다.

잡아올린 고기를 썰어주시던 고 송봉옥 할아버지, 객선 끊겼다고 파도 일렁이는 바다를 갈러 나매기로 데려다주시던 '배미(야미도의 전래지명)' 이영철 아저씨, 고단한 사람 깰까 싶어 볼륨 작게 하고 바짝 다가앉아 테레비 보시던 배미 이춘생 할아버지, 조사 제대로 하라며 기름 가득 채워 섬 전체를 돌아보게 하시던 꼬찌 곽판수 할아버지. 그 투박한 손들을 부여잡고 아쉬운 이별을 할 때 옹이 하나 없는 필자의 손을 부끄럽게 하시던 그분들을 생각하며, 새만금 사업이 환경문제를 제대로 극복하여 지긋지긋한 가난을 벗어나려 했던 그들의 꿈이 실현되기를 기원해본다.

쌩끔에는 큰어리장불허고 쌩끼밋장불이 있는디

　군산항에서 뱃길로 두 시간 남짓 가면 선유도, 관리도를 돌아 방축도와 말도 사이에 끼어 있는 작은 섬, '밝은널'. 지도상으로나 행정 명칭으로야 명도라고 해야 알 섬이지만, 이 섬의 본래 이름은 '밝은널'이다. 이름이 주는 경쾌함과는 달리 이 섬은 유달리 사람이 적고 조용하다. 나는 지난 2000년 여름, 방언과 지명조사를 위해 그 섬에 갔었다.
　내가 배에서 내렸을 때 나를 맞아준 것은 해안경비대 소속의 군인 한 사람이었다. 나는 그에게 조사 경위를 설명하고 협조를 구했다. 그런데 뜻밖에도 이곳에는 너덧 가호밖에 없으며, 그중 두 집 식구들은 며칠 전에 군산에 나갔기 때문에 지금은 두 집 식구밖에 없을 것이라는 황당한 정보와 함께 던지던 그의 허망한 웃음에, 나는 말도를 향해 이미 뱃머리를 돌린 배를 붙들고 싶은 심정이 들었다. 하지만 다음날 정오 다시 여객선이 올 때까지 꼼짝없이 이곳에 있어야 한다는 것을 알고부터 다소 절망적인 나의 밝은널 탐험이 시작되었다.

　삼십 분 남짓 해안경비초소에서 마을에 대한 안내를 받고 잠자리가 없을 테니 잠은 이곳에 와서 자도 좋다는 경비병의 호의에 안도하며, 나는 마을로 들어섰다. 마을이라고 해야 봄여름 멸치잡이 때 건조장으로 쓰려고 만든 임시 건축물의 양철지붕들 너머로 대숲 사이에 낀 기와지붕이 두엇, 그리고 아마도 새만금 간척사업 보상금으로 지었음 직한 양옥집 하나가 전부였다.

　마침 사십대 중반쯤으로 보이는 집주인이 있어 그에게 다가갔다. 그러나 팔십 노모가 평생 자신과 함께 이곳에 살았었는데, 몇 달 전에 처음 군산에 나갔다가 그만 교통사고로 돌아가셔서 자신은 지금 그 슬픔을 이기지 못하고 절망적으로 살아가고 있다며 비통해하는 그의 앞에서, 나는 조사는커녕 그의 슬픔을 위로해야 할 지경에 이르렀다. 많이 잡아서 세로 일 킬로미터, 가로 이 킬로미터밖에 안 됨 직한 그 조그마한 섬에서 평생을 살았다니, 이게 어떻게 가능한 일이었을까. 평생 여기서만 살았다는 그 할머니는 어떤 분이었을까. 그분이 처음 육지에 발을 디뎠을 때, 그리고 그분이 수많은 문명의 기호들과 조우했을 때 어떤 느낌을 받았을까. 질주하는 자동차들 사이로 길을 건너려고 머뭇거리고 당황해하셨을 그 할머니의 모습을 떠올리며, 나는 한참을 망연하지 않을 수 없었다.

　그러니까, 지금 여기 담아놓는 지명들은 그 할머니와 닮은 밝은널 사람들이, 손바닥만한 공간일망정 구석구석을 다니며 성장하고 생활하며 살아온 자취이다. 즉 방언은 인간이 그에게 주어진 삶의 조건들과 이루어낸 교감의 결과이며, 전래지명 또한 그 범주의 일부이다. 땅에 붙여진 이름들 역시 그 지역의 역사이며 삶의 자취들인 셈이다.

이곳에는 '앞면' '쌩끔' '허찌빠골' 세 동네가 있다. '앞면'은 배에서 내려 이 섬에 들어서면서 만나는 첫 동네이다. 앞면을 바라보고 오른편에 있는 산이 '임씨네 묏골'이다. 군산과 가까우면서 세를 과시했던 신시도의 임씨네가 이곳을 오래 전부터 차지했던 까닭에 붙여진 이름이다. 이 임씨네 묏골에는 골짜기가 하나 있다. 그 이름은 '집채너무'. 집채너무를 넘어가면 '오지녁'이란 해안이다. 이곳이 해안이면서도 '장불'이란 지명소가 붙지 않은 까닭은 장불처럼 넓지 않고 움쑥하거나 돌출한 지형을 형성하고 있기 때문이다. 이곳 사람들은 겨울이면 이곳에 오리가 많이 온다고 해서 붙여진 이름으로 아는데, 기실 이곳이 집채 같은 바위를 넘어 깎아지른 낭떠러지로 된 곳인데다 그곳에 가려야 오직 이 길밖에 없으니 '외지', 섬 바깥쪽이란 뜻으로 붙여진 이름일 가능성이 더 높다. 또한 으레, 사람 손길 닿기 어려운 곳에 좋은 해산물이 많았을 것을 감안하면, 방언형 '오지다'와의 관련성도 배제할 수 없을 듯하다.

임씨네 묏골 맞은편 밝은널의 주봉은 '당제뽕데기'이다. 이곳에서 '당이 시던(세던) 당시' 당제를 올리곤 했던 것은 묻지 않아도 알 수 있다. 당제뽕데기 산자락과 앞면 사이로 난 길을 따라 오르고 내려서면 '쌩끔'이다. 이곳에는 박씨 내외와 그 형님댁 그리고 안씨네 두 가호가 전부인데, 놀랍게도 폐교된 '명도분교'가 실했던 마을의 옛 영화를 숨기고 있다. 쌩끔이라는 지명은 '새안금', 마을과 마을 혹은 산과 산 사이에 있는 마을이란 뜻인 것을, 방축도 꼬부랑 할머니가 '벨걸 다 묻는다며' 귀띔해주어서야 눈치챌 수 있었다. 쌩끔에는 '큰어리장불'과 '쌩끼밋장불'이 있어서 배 대고 고기 건조하기가 웬만하다. 남쪽을 제외한 삼면이 봉우리로 막혀 아늑하고, 어지간한 장불까지 두 곳이나 끼고 있으니, 이곳이 밝은널의 중심 마을인 셈이다. 70년대 서해안 간첩 출몰 사건으로 알려진 '십이동파도 사건' 이후로, 쌩끔에는 그 뒷동네 '허찌빼골' 사람들이 집단 이주하여 큰 마을을 형성했었다. 허찌빼골은 이 섬의 끝 마을이다. 왜정시대 세부측량 당시 관리도 박씨들이 앞면과 쌩끔을 차지하는 바람에, 본래 이곳에 살던 안씨들이 쫓겨 들어가 살던 마을이다. 전혀 그 어원을 상상할 수조차 없는, 험하게 생긴 이름만큼이나 이곳은 바람도 많다. 이곳에서 '뒷장불'로 나가는 골짜기가 '망진꼬랑', '이밑이'로 가는 골짜기가 '청둥골목'이다. 망진꼬랑을 지나 밝은널의 서남부 끝자락은, 생긴 모양에서 비롯되었을 수밖에 없는 '주벅턱끄터리'이다. 이곳과 '끝섬' 사이에 '뾰롱섬'이 있는데, 가끔 개구지고 '보짱' 좋은 섬 사내들이 주벅턱끄터리와 뾰롱섬과 끝섬 사이로 난 바닷길을 걸어서 건너다녔다는 전설이 남아 있다.

떠나고 싶을 때 자동차를 타고 바람처럼 아무 데나 헤집고 다니던 나로서는, 칠흑 같은 어둠 속에서 밀려드는 파도 소리와 자꾸만 육지에서 멀어져가는 꿈에 가위눌려 기어이 잠 못 든 채, 시꺼멓게 가로놓인 바다의 거대함에 오갈들어, 섬에서 나가고 싶은 간절함조차 불경스러울까 주눅들어버렸던 밝은널에서의 밤을 잊을 수가 없다.

  온통 장터로 변해 뒤틀리고 어수선한 세상을 벗어나, 바다의 엄정함에 묶였어도 손바닥 같은 땅덩어리일망정 저마다 삶을 새겨넣으며 살아온 바닷가 사람들의 숨소리를 들어보라. 단순한 삶의 엄숙함과 마주하며 다시 일어설 힘을 얻고 돌아올 수 있으리라.

제 4 부

가슴마다 저마다의
꽃심이 있으니

천 년이 지나도 이천 년이 지나도 또 천 년이 지나가도, 끝끝내 그 이름 완산이라 부르며
꽃심 하나 깊은 자리 심어놓은 땅. 꽃의 심, 꽃의 힘, 꽃의 마음. 꿈꾸는 나라

나 원 재수 읎으면 송사리헌티 좆 물린다더니

"나 원, 재수 읎으면 송사리헌티 좆 물린다더니, 멀쩡허니 병신 될 라닝께 별 우스운 것이 다 생겨 보고리챈단 말여."

'장부식(不識)' '늘 몰라' 라는 별명이 붙은, 매사 물렁하고 심지 좋던 농투성이 신용모가 뜻밖의 봉변을 당하고 내뱉은 푸념이다. 사연인 즉, 병들어 자리보전하고 있는 친구의 아들 성문이가 제 아비 약값이나 하려고 잡아온 장끼 한 마리를 맘 좋은 신용모가 제값이나 받게 팔아줄 요량으로 건네받았다가, 순식간에 야생조류보호법을 어긴 죄로 경찰에 붙들리게 된다. 그리고 면식이 있는 경찰에게 자초지종을 이야기한다는 것이 씨알도 안 먹히고, 되레 논산훈련소에서 맛봤던 대접을 십몇 년 만에 받은 후에, 즉결심판까지 받게 된 것이다.

용모의 말마따나 '이기면 얼굴 날리구 지면 재산 날리는 시골 재판' 을 피하기 위해 잘나가는 처삼촌에게 선이나 대보려고 나왔지만, 그 또한 '저만 못해 보이는 것에게는 문장지어 구박하고, 저보다 나아 뵈는 것에게는 영리한 개가 되어 짖어주는' 위인인지라, 애닲는 사람은 용모였다.

생각해보면 어처구니없는 일인지라 그런 일이 생긴 것도 보고리지만, 읍내 유지랍시고 처조카 사정 봐주러 나온 위인이 종업원 오가는 대로 집적거리고 출입문만 빼끔해도 흘끔거리는 허텅지거리뿐이니, 역시 용모에게는 보고리 채는 일이 아닐 수 없었다.

주변머리 없는 용모는 장난도 아니고 지랄도 아닌 일로 기어이 팔자에 없는 재판을 받게 되고, 인간 말종들의 집합소인 재판장에서도 크고 작은 보고리들이 난무한다. 육 개월 전 한 달 기한으로 오만원 차용하고 지금까지 원금이자도 안 갚은 놈이, 반백머리 이맛전만 남기고 바짝 밀어붙인 육십대 한복 늙은이더러 한다는 소리가 "인간은 감정의 동물인디, 방영감 증말 이러면 맘에 안 들어요. 그런 식으로 국민 총화를 저해 허지 말라구요. 남의 돈 쓰고 이자 밀리기 예사고. 요새 한국 재벌들 즘에는 다 그런 고비 한두 번 안 넘긴 줄 아슈" 허는 말짓거리도 '보고리 보고리, 왕보고리' 이다.

길거리에서 머리 깎이기 거부하다 즉결심판에 넘어온 철공소 직원의 '딴지' 도 귀여운 보고리이다. 오천 년 역사상 우리나라에 단발령이 내린 지가 백 년이 넘는다는 것을 잘 아느냐는 단속경찰의 말에, 오천 년 역사 중에 사천구백 년 동안은 세계 최고의 장발족 국가였다는 역사적 사실을 아느냐고 대꾸하는 것이나, 계룡산 미신교 믿는 사람들은 단속하지 않는 이유가 종교적 신념 때문이라는 경찰의 말에 저도 신념이 있다고 하는 것, 그 신념이 뭐냐고 되묻는 판사의 말에 '미관상 필요할 것 같아서'라고 뒤통수 긁적이는 보고리도 보고리의 한 장르다.

현대사회에 비추어 말하자면, 걱정거리 많아서 뽑아놓았더니 되레 더 큰 걱정거리가 돼버리는 정치가들도 보고리, 혈세로 먹고살면서 직위 올리는 것에만 악착같은 공무원들도 보고리이다. 끌어내릴 수도 없고 그렇다고 그냥 둘 수도 없고 그러니까 '이러지도 저러지도 못하게 된 애물단지'가 바로 보고리이다. 좀더 정확하게 말하자면, 보고리는 '어떤 일을 해결하기가 난감하게 장애가 되는 사람이나 짓거리'를 의미한다.

보고리가 단독으로 쓰일 때는 사람이나 짓을 의미하고, 그렇게 하는 행위를 나타낼 때는 '채다' 혹은 '채우다' 동사와 함께 사용되어야 한다. 보고리가 그 많은 동사 가운데 '채다'와 호응하는 것으로 보면, '보고리 채다'는 '보채다'와 모양과 의미에 있어서 서로 닮아 있다. 하지만 '채우다'를 감안한다면 꼭 그것만도 아닌 듯하다.

어떻든 이문구의 『관촌수필』은 말맛 즐기는 재미가 어찌나 쏠쏠한지, 읽을 때마다 작가의 수려한 말솜씨에 탄복하게 되는 소설이다. 전라도 방언으로 밥벌이를 삼아온 필자에게 한동안 잊고 살았던 독특한 말의 느낌과 기억을 일순간에 되살아나게 한 '보고리'와의 조우는 참으로 즐거운 일이었다.

머덜라고 보냈냐, 이년아!

경이로운 시 두 편 「근다고」와 「머덜라고」를 선보인다.

붉은 우체통 하릴없이 뒤지네.
근다고 소식 한 장 없냐, 이년아?
　　　　　　　　　　　　　—「근다고」 전문

붉은 우체통 청첩 한 장 뒹구네.
머덜라고 보냈냐, 이년아!
　　　　　　　　　　　　　—「머덜라고」 전문

이 시는 더이상의 말이 필요 없는 시이다. 전라도 사람이면 누구나 이 시의 절묘한 시적 장치들과 탁월한 시어 사용에 혀를 두를 지경이기 때문이다. 물론 다소 조악한 표현들이 들어 있어서 시로서의 정체를 의심할 분도 있겠지만, 어떻든 전라도 방언으로 밥 말아먹으며 살아온 나로서도 '근다고'와 '머덜라고'가 이렇게 적절하게 하나의 텍스트 속에서 면발 싱싱하게 되살아난 것은 미처 본 적이 없다.

이 글에서는 두 편의 방언 연작시에 대한 텍스트 언어학적 접근이라는, 그야말로 말 같지 않은 '비암다리(蛇足)'를 붙여보겠다. 그에 앞서 잠깐 전통 비평적 관점에서 이 시의 저자와 출처에 대해 살펴보는 게 필요하다. 이 시는 내가 영국에 있을 때, 그 무료함을 달래주려고 전주 역사박물관 전 학예실장 김성식 선생이 보내온 사려 깊은 메일 속에 들어 있었다.

김성식 선생은 평소에도 '소노여남'을 막론하고 '경끼로운' 입담으로 나타나는 곳마다 심상치 않은 분위기를 자아내온 사람이다. 그가 시인이나 소설가로서의 탁월한 잠재력을 가진 것은 그를 아는 사람은 누구나 공인하는 바이다. 그는 심상치 않은 결말을 예고할 때면 늘 정중하고 점잖은 허두를 수수께끼처럼 던지는 말하기 전략을 구사해왔다. 메일의 서두를 "저는 시인이 될 줄 알았습니다. 어쩌자고 시인이 될 생각을 했으며, 어쩌자고 지금껏 시인이 못 되었는지 알 길 전혀 없습니다"로 시작한 것 역시, 심상치 않았다. 하나의 텍스트를 이해하기에 앞서 그이의 얼굴이며 행동양식들을 떠올리는 것 자체가 작품을 이해하고 감상하기 위한 토대가 마련되는 것이며, 이 토대가 마련될 때 비로소 그 재미도 더해진다.

텍스트는 구조를 갖추고 전달하고자 하는 내용을 담고 있는 하나의 완성된 단위다. 텍스트가 형성되는 데 우선 중요한 것이 텍스트를 구성하고 있는 요소들을 결속하게 만드는 장치, 즉 지시적 요소들이다. 이 연작시의 제목 '근다고'와 '머덜라고'는 바로 이 텍스트를 당당히 시로 끌어올리는 결정적 '쇳대(열쇠)'다. 그러니까 '근다고'는 이 단어가 쓰이기 이전에 무엇인가 일련의 사연이 존재했을 때 사용 가능한 어휘이다. 우리는 그 일련의 사연을 시의 본문 "소식 한 장 없냐"와 "이년아?"에서 그 대강을 순식간에 확보하게 된다. 두 사람이 거시기한 사이였다가 지금은 거시기한 사이며, 그후 놈의 처지와 심경은 "하릴없이"에서 도드라지게 처량해진 것을 알 수 있다.

시 「근다고」는 그 자체로는 텍스트로서의 완성도가 다소 약하다. 이것은 「머덜라고」와 함께 존재할 때 상승효과를 발휘할 수 있으며, 그런 점에서 '머덜라고'는 이 두 편의 연작시를 한 편의 완성도 높은 텍스트로 만드는 또하나의 결정적 쇳대라고 할 수 있다. '머덜라고'가 가진 텍스트 안에서의 지시적 요소가 이젠 제법 커진 셈이다. 전편에서 우리는 놈의 처지가 참으로 '추리닝'스럽게 되었음을 확인하였으며, 그 처지의 일관성은 "붉은 우체통"의 반복 사용을 통해 유지되는 동시에, "청첩"에서 결정되는 그의 처절함은 '머덜라고'와 부딪치는 순간, 우리를 열광의 도가니로 몰고 가는 것이다.

즉 연작시 형태로 되어 있는 이 시의 핵심은 '근다고'와 '머덜라고'라는 요소가 텍스트 구성상 지시적 기능이 강한 데서 비롯된다는 점을 놓쳐서는 안 된다. 세상살이의 지식을 배경으로 또 그 배경이 비슷한 경우라고 한다면 역시 비슷한 상황들을 추론해서, 이 시를 이해하는 데 필요한 시 밖의 어떤 상황들을 끌어내게 만드는 요소가, 바로 '근다고'와 '머덜라고' 이기 때문이다.

'근다고'를 표준어로 바꾼다면 '그렇다고'에 가깝고, '머덜라고'는 '뭐 하려고'에 가깝다. 굳이 가깝다는 말을 쓴 까닭은, 방언형과 표준어형이 갖는 의미가 유사하다고 할지라도 그에 담긴 정서까지 닮을 수는 없기 때문이다. 사실상, 근다고의 표준형 그렇다고는 근다고를 만들어내지 못한다. 얼핏 표준어처럼 보이는 방언형 '그런다고'가 근다고의 앞선 형이며, 그렇다고와 그런다고의 받침 'ㅎ'과 'ㄴ'은 엄연히 다른 기능을 갖기 때문에 서로 다른 셈이다. '머덜라고' 역시 '뭣 허-+-ㄹ라고'라는 전라도 방언 어휘들의 융합형이다. '뭣>멋'의 변화와 '멋'의 'ㅅ'이 '허-'의 'ㅎ'과 결합할 때 'ㅎ'이 사라지고 그 자리에 'ㅅ>ㄷ'의 음절변동을 만들면서 이루어진 결과이다. 따라서 이 두 단어는 전라도 말에서 존재했던 음운현상이 적용된 결과이다. 오랜 시간을 두고 독자적으로 변화를 겪은, 전라도 사람들이 만들어낸 역사적 산물인 셈이다.

혹시 이 글을 읽으시다가 제게 '근다고'로 꺼내실 말이 있으시다면 우선 '머덜라고' 제가 이런 글을 썼을까를 생각해주시기 바란다. 다시 한번 강조하자면, 어휘에 따라 그 쓰임이 다른데 '머덜라고'와 '근다고'라는 방언형은 이미 오랜 시간의 깊이를 가지며 전라도 안에서 이루어진 독자적 변화의 산물이며, 전라도 화자들이 텍스트 밖의 상황을 전제하고 추론하게 하는 데 매우 중요한 기능을 하는 요소라는 말이다. 그리고 그런 쓰임새로 말하자면, 일정한 텍스트 안에서 그 기능의 생기가 이런 방식으로 발랄해질 수 있다는 것을 탁월한 잠재적 시인 김성식의 연작시를 통해 확인하고자 했던 것이다.

어떻든 '둔너, 인나(누워, 일어나)'는 더이상의 생산성을 확보하지 못한 채 사장되어가지만, 연작시「근다고」와「머덜라고」이후 이 장치를 이용한 기발한 착상들로 한동안 이 동네가 재미있어지기를 소망해 본다.

만석이 숭불퉁 앓는 소리

　　겨우내 투전판에다
　　나락 마흔 섬 날려먹고
　　속 터지는 만석이는
　　그 속 차리느라 고개 숙이고
　　새벽마다 고샅길 개똥을 줍는다

　　미나리꽝에서 건진
　　젖은 개똥 속에는
　　막 돋아난 미나리싹도 묻어 있다
　　　　　　　　　　—정양,「이른 봄」전문

만석이는 겨우내 투전판에서 나락 마흔 섬 날려먹고 속이 시커멓게 타, 그 속 식히느라 새벽마다 고샅길의 개똥을 줍고 다녔단다. 날마다 주운 그 개똥 속에는 미나리싹도 묻어 있었다고 한다.

종태가 다시는 투전판에 안 나가겠다고 손가락 두 개나 잘라내고도 다시 끗발 조이러 나간 속사정이, 천생원네 머슴놈하고 엉겁결에 만난 뒤 다시는 안 만난다고 수없이 이를 악물었으나 지랄 같은 덫에서 벗어나지 못하는 종태네 때문이었다고 한다(「내외」).

천석꾼의 장손, 남철이 아저씨는 새각시 따라 소리패로 한세상 떠돌다가 결국 아편쟁이 홀애비 되어 수없는 손가락질을 당하고, 자기 집 상머슴 살던 배생원 환갑잔치에서 쌀 두 되어치 소리 한 후로 할아버지 묘에서 영영 일어나지 못했다고 한다(「또랑광대」).

왜정 때 왕소나무에 목매달고 죽은 최면장네 머슴과 무슨 사연이 있었던지 머리채 잘리고 푸닥거리로도 못 풀어낸 살 탓으로, 결국 쇠꼬챙이처럼 말라비틀어진 영이 누나는 철모르는 애들 놀잇감이 되었다고 한다(「영이 누나」).

이런 '액상한(가여운)' 이야기들이 무슨 아름다운 과거라고 들추느냐 되물을지 모르지만, 사실 멀쩡하게 걸어다니는 사람들 속내 또한 알고 보면 어슷비슷하다. 알고도 모른 척 모르고도 아는 척, 우리는 또 그렇게 나이와 더불어 살아가고 사라진다. 그래서 깊은 산속 옹달샘이 맑고 깨끗할망정 발 한번 담그면 흙탕물이 될 수밖에 없는 법이라, 빗물, 냇물, 썩은 물, 흙탕물, 눈물, 콧물까지 모두 모두 모여도 여전히 같은 깊이와 빛깔로 사는 바다처럼 그렇게 나이 들고 싶어진다.

세월이 그대를 속였든 그대가 세월을 속였든 살다보면 말로 못 할 일들이 생길 것이고, 그때마다 속이 끓다 못해 시커멓게 타버리고 타다 못해 녹아 문드러지는 일들이 있을 터이고, 또 사람들마다의 그러한 속내를 모아놓고 보면 차라리 웃어버리는 게 나을 것이다.

그래서 생긴 표현들이 오늘의 이야깃거리이다. 한자에 눈을 뜨고 왜 하필 '환장(換腸)하다'는 말이 생겼을까 하는 생각을 한 적이 있다. 그리고 '애'가 창자나 간이라는 것(腸 애 댱(『천자문』), 肝 애 간(『유합』))을 알고 나서 '애'에 관련된 그 많은 동사들이 모두 지독하게 슬픈 것을 보고 놀라고 또 놀랐다.

'애'와 연결되는 단어들로는 '타다, 닳다, 태우다, 쓰다, 끓다'가 표준어법에 맞는 표현들일 것이다. 그리고 또 우리 동네에서는 '애성 받치다'라는 말이 쓰이는데, 이 말 또한 표준어 '애성이'와 비슷한 말이다. 애성이는 '속이 상하거나 성이 나서 몹시 안달하고 애가 탐. 또는 그런 감정'을 뜻하며, "싫다는데 지지리 못살게 쫓아다니어서 더욱 애성이 받았다(한설야, 『탑』)" "구경을 가려고 골똘하다가 못 가게 되는 데 애성이 나서 어제 점심 저녁 두 끼니 물 한 모금 안 먹고 오늘도 머릴 싸고 누웠으니……(홍명희, 『임꺽정』)"와 같은 예문들 속에서 '애성이 받다' '애성이 나다'와 같은 쓰임새가 있음을 알 수 있다. 그렇게 보면 '애성 받치다'는 '애성이 받다'와 같은 뜻이며 '받-'에 강세접미사 '-치-'가 결합한 형태인 셈이다.

이렇게 애성이 받치는데도 아무 말 못 하고 애닳아할 때, 바로 그때

참고 또 견디며 내는 소리가 바로 '숭불퉁 앓는 소리'다. 표준어로는 '볼멘소리' 정도 될 테지만 '숭불퉁 앓는 소리'와 함께 자라온 사람들에게 이 두 단어는 억제의 정도에 있어서 상당한 차이가 있다. 볼이 툭 불거져 불만이 입까지 찬 소리가 볼멘소리라면, 숭불퉁 앓는 소리는 이를 악다물고 참고 견디려고 해도 저 깊은 가슴에서부터 억제할 수 없는 슬픔이 밀물처럼 차올라 바늘로 살짝 건드리기만 해도 대성통곡이 날 지경인 경우에 어울린다. 그러니까 목을 놓고 우는 일밖에는 달리 저항할 방법이 없는 어린 아이나 아녀자들에게서 대개 숭불퉁 앓는 소리를 들을 수 있을 것이다. 나도 타이어 잘라 만든 '쓰레빠'로 따귀 벌겋게 얻어맞아 그 억울함 때문에 울음도 안 나오던 초등학교 이학년 시절에 숭불퉁 앓는 소리를 해본 적이 있지만, 그때 그 심정 때문에 지금에 와서 숭불퉁 앓는 소리의 심각함을 충분히 이해하고 그에 대한 글을 쓸 줄 또 누가 알았겠는가.

어떻든 이 '숭불퉁 앓는 소리'는 아마도 한자어 '흉복통(胸腹痛)'에서 비롯된 것 같다. 우리 동네에서는 '흉'이 '숭'으로 소리나는 게 보통이다. '숭악헌 놈' '넘의 숭 잽히게 살먼 안 되야' '왜 넘 숭내내고 지랄이여' 등이 모두 '흉'에서 비롯된 것이고, 이런 것들을 유식한 말로 'ㅎ'구개음화라고 한다. 그리고 흉복통의 '복'이 '불'로 되는 것도 전주천변의 '한벽당'을 '한별땅'으로 부르던 것으로 미루어보면, 드물게 나타나기는 하지만 역시 소리가 변화하는 어떤 현상(유포니)의 소치다. 복의 'ㅗ'가 'ㅜ'로 변하는 것은 근대국어 시기 이후로 꾸준히 전국적으로 진행되고 있는 소리의 변화 가운데 하나이다. 어떻든 한자어 흥복통의 순 우리말은 가슴앓이다.

이 글에 실린 이야기들은, 겨우 물알 든 보리이삭 잘라다가 '청맥죽(靑麥粥)' 끓여먹고 살던 시절, 오랜만에 곡기가 든 죽을 먹으니 별똥이 떨어지듯 눈물이 쏟아진대서 '별똥죽'이라고 부르기도 했고 점잖은 분들은 눈물 섞어먹는대서 '옥루죽(玉淚粥)'이라 불렀다던 그 시절을 밝히 되살려낸 정양 시인의 시집 『길을 잃고 싶을 때가 많았다』에서 가져온 것들이다.

전라도 김제 땅을 예전에는 '볏골'이라 불렀고 그것을 소리가 비슷한 한자어 '벽골(碧骨)'로 썼다. 호랑이 청동검 차고 다녔을 시절, 이곳에 물 댈 저수지를 쌓느라 각지에서 모인 농부들은 뼛골 빠지게 흙을 날랐고, 그때 신발 털어 모인 흙이 산을 이루어 '신털뫼'가 되었다고 한다. 그 땅에 살며 '숭불퉁' 앓았을 그 많은 안타까움들이 이제는 별이 되고 시가 되어 우리 곁에 머물게 되었다.

똥 누는 놈 주잖히고 노는 애기 찝어까고

하이카나(하여튼) 촌시랍기로는 두채 가라면 서러운 말이 전라도 말인디, 아, 그 말로 안 불르면 소리도 아닌 전라도 판소리가 세계 인류 문화유산으로 선정되아버렸답니다. 사는 디 바뻐갖고 같잔허게 보았더니 고것이 고로코 되아버렸답니다. 긍게 바뿌드래도 한 야달시찜 되면 전통문화센터도 가고 그러장게요. 판소리가 어떤 때는 느리빼쌓고, 또 어떤 때는 전라도 사람인디도 먼 말인가 못 알어듣는 말이 있기는 허지만, 그거이 옛날에는 한자를 많이 썼옹게 그렁 거이지, 조깨만 뽀짝 땡기앉어서 들어보면 얼매나 재밌습니까잉. 그래서 오늘 이야기는 저 지악스런 놀부 심술 한 대목으로 시작을 히볼랍니다.

놀보 심술이 똑 이렇겄다. 아이고, 에룬(어려운) 말은 뛰어넘어불고 쉬운 것만 취리노먼, 길 가는 과객 재울디끼 붙들었다가 해 지면 내쫓고,

의원 보머는 침 도적질, 양반 보머는 관 찢고, 거기까지는 봐줄만 헌디, 하요놈 봐라, 딱 징역감일세. 애 밴 부인 배통 차고, 수절과부는 무함 잡고, 다 큰 큰애기 겁탈, 설마 그렇게까지 헜을라고, 말이 그렇다는 거이지. 그렇다 치고, 꼽사등이는 되집아놓고, 앉인뱅이는 택(턱)을 차고, 비단전에 물총 놓고, 꼬추밭에 말 달리기, 옹구짐 받쳐노먼 가만가만 가만가만 가만가만히 찾아가서 작대기 탁 걷어차기, 똥 누는 놈 주잖히고, 봉사 눈에 똥칠허고, 노는 애기 찝어까고, 우는 애기는 코 빨리기, 참말로 듣고 봉게 하이튼 놀부란 놈 겁나게 시망시랍습니다잉.

놀부를 실존인물로 보고 놀부네 동네를 지정해서 관광지로 만들고 싶을 만큼, 또 춘향이 고개, 춘향이 사당을 지어 볼거리로 만들 만큼, 이런 이야기들은 친숙하고 정다운 우리의 일부임에 틀림없다. 이것이 우리 선조들의 정서 속에 깊이 자리매김한 것에는 그만한 까닭이 있었을 것이다.

텔레비전도 라디오도 없던 시절에는 사람들이 사랑방에 모여 이야기를 나누는 것이 가장 큰 재미 중 하나였다. 반상을 막론하고 남녀노소 끼리끼리 모여 이야기를 나누며 살았다면, 물론 지금도 그렇지만 재담 잘하는 사람이 단연 인기 있었을 게 분명한 일이다. 이야기 잘하기로 이 골 난 사람들 앞에서 소리꾼이 또 주목을 받으려면, 적어도 그보다는 더 재미있어야 했을 것이다. 그래서 아마도 꾸미고 과장해서 말해야 했을 것이며, 그러다보니 악역을 꾸며낼 때는 가장 혐오스러운 짓들을 상상해야 했을 테고, 또 다급한 일을 꾸며낼 때는 정말 가슴 뜨악한 일들을 상상해야 했을 것이다. 말하자면 판소리는 전라도 사람들이 즐겼던 상상력의 보고이며 개그 중의 개그인 셈이다.

날이 저물 무렵 길 가는 과객을 불러 마치 집에서 재울 듯이 하다가 애매한 시간에 나가라고 하는 상황을 떠올려보라. 남의 딱한 처지에 얼굴 돌리지 못하는 게 우리 인심이었기에, 이만한 짓으로도 놀부는 충분히 못된 놈이 된다. 그렇게 착한 사람들 마음에, 아마도 똥 누는 아이 주저앉히는 대목쯤 가면, 손뼉도 치고 옆 사람도 쳐가며 뱃살을 잡고 뒹굴고 했을 그 즐거운 판이 벌어지지 않았을까. 또 사는 시름 잠시 덜어놓고 후련하게 마음을 씻어낼 수도 있었을 것이다.

놀부가 했던 짓 가운데 '물동이 이고 오는 아낙네 귀 잡고 입 맞추기'도 있었다. 물동이를 머리에 이었으니 두 손을 쓸 수 없는 처지라 놀리기에는 그만이었을 것이다. 거기다가 귀까지 잡고 입맞춤하고 도망질쳤을 놀부를 떠올려보라. 이건 마치 여드름 갓 돋아나고 콧잔등에 솜털 송송 난 떠꺼머리나 했음 직한 '말짓(장난)'이지, 의관 정제하고 거드름 피우는 중년 사내가 할 짓은 아니지 않은가. 하지만 그 기발한 상상력과 뱃살 쥐는 재미가 있으니, 그게 사실인지의 여부가 대수겠는가. 그냥저냥 주워섬기는 말하기이다, 마치 요즘 개그처럼.

늘 그럴 수는 없는 일이지만 우리가 사는 데 꼭 필요한 것이 재미이고 웃음이라면, 이만한 재미가 또 있었을까. 세상이 복잡하고 사람 살기가 빽빽할 때 뱃심 좋게 웃어버리고 툴툴 털어버리는 그 판소리 한

판, 그게 지금 세상에도 꼭 필요한 것은 아닐까.

흥보가 거 제비 헌단 말을 딱 듣고는, 거 제비집을 몽땅 맹글아서 그 놀보 지붕 끄터리다가 뺑 돌려 지어놓고는, 아무리 제비를 지달라도 제비가 오지 안혀겄다. 놀보가 기가 맥혀, "에라, 내 제비를 몰로 나가야제." 동네 역군들을 불러들여가지고 하루는 그 제비를 몰로 나가는디……

흥부가 제비 다리 고쳐준 일로 부자가 된 것을 안 놀부가 제비집을 몽땅 만들어서 지붕 끝에 뺑 돌려 지어놓고, 제비를 기다리다 못해 아예 삯꾼을 사서 제비를 몰러 나간다니 참 황당한 일이다. '화물차 뒤에서 똥 누고 있는데 차가 갑자기 후진을 히버리면 당황이고, 화물차 뒤에서 오줌 누고 있는데 갑자기 출발을 히버리면 황당' 이라는 신종 개그처럼.

* 고딕으로 쓰인 부분은 김진영·최동현 교수의 『흥보가 — 판소리 자료총서 2』(박이정, 2000)에서 발췌한 것이다.

어따매! 그놈의 어른 염치없는 소리 허고 있네

"이 자식! 너 어디 사느냐?"
"나 살기는 사람 많이 살다가 싹 죽어버리고 나 혼자 산 디 사요."
"이놈! 혼자 산 디가 있단 말이냐?"
"아, 나만 산께 혼자 산 디 아니요?"
"아, 이 자석이! 남원 산단 말을 나만 산다고 허는 놈이로고나."
"허허허. 맞었소, 맞었어. 당신 죽도 않고 귀신 먼저 됐소그려 이?"

재우쳐 묻는 질문에 '나 혼자, 나만'으로 맞받는, 수수께끼 같은 이 농지거리의 해법은 남원 발음에 대한 이해이다. 지금도 남원 사시는 할머니들한테서는 '강원도'를 '강안도', '남원'을 '남안'이라고 하는 발음을 들을 수 있다. 그러니까 이 농담은 '남원'을 '남안'으로 발음하는 배경을 토대로, '남안'을 '나만'으로 '나만'을 '나 혼자'까지로 나아가게 함으로써 농담의 자격을 얻게 된다. 이쯤해서 다시 보면, '사람 많이 살다가 싹 죽어버리고 나 혼자 사는 곳'에 산다는 첫 대꾸는 가히 여러 차례의 복선을 깔아놓은 단수 높은 말하기가 아닐 수 없다. 상대 또한 죽지도 않았으면서 귀신부터 되었다는 말마따나, 깜냥에 어려운 문제를 쉽게 알아맞히고 있으니 신통하다.

아무튼 다짜고짜 '놈, 자식' 하는 품으로 보면 둘의 관계가 심상치 않다. 통상 '이 자식'이란 호칭을 들으면 그에 맞서기가 보통일 터인데, 묻는 말에 꼬박꼬박 대꾸를 하고 있는 것으로 보면 공격적인 호칭을 어느 정도 수용하고 있는 셈이다. 짐작하고 있는 것처럼 이는 계급사회에서나 가능한 일이다. 어떻든 이들의 대화를 좀더 들어보자.

"에라, 이놈! 그래 너 어디를 가느냐?"

"허허허, 참 내. 다른 곳이 아니오라, 우리 고을 열녀 춘향 편지 가지고 구관댁 몽룡씨를 찾아가요. 아니, 근디 당신 뭣 헐라고 그렇게 물어쌓소?"

"글쎄, 너 허고 가는 소리를 들으니, 매우 가련헌 편지를 가지고 가는 듯허여, 그 편지 좀 보자고 허는 것이다."

"어따매! 그놈의 어른, 거 염치없는 소리를 허고 있네. 여, 여보시오! 남의 규중(閨中) 편지 사연을 무엇이라고 쓴지 알아서 함부로 보잔단 말이오, 이놈의 어른아!"

말이 그렇다는 것이지만 어떻든, 말마다 '이놈 저놈'으로 일관하는 상대가 경우에 없는 말짓거리를 하자, 대뜸 하는 말이 '어따매 그놈의 어른'이다. 웃자고 하는 말이니 그럴 수밖에 없지만, 주고받는 말본새는 가히 날 퍼런 창칼이 어우러져 한바탕 난투극을 벌이는 지경은 될 듯하다.

위의 농지거리는 춘향의 편지를 가지고 몽룡을 찾아가던 아이를 거지 행색의 어사또 몽룡이 알아채고 붙이던 수작의 일환이다. 이 자료가 창본, 즉 실세로 소리로 구현된 것을 기록한 것이니, 좌중과 더불어 '우스맷소리'로 한 말이기는 하지만 이 지방 사람들끼리 나누는 말 재미의 한 전형을 보는 듯하다.

우리가 잘 아는 것처럼 몽룡은 거지 행색은 했으나 서슬 퍼런 권력의 중심에 있던 어사또라는 직업이 분명한데, 그와 더불어 대화를 나누는 아이의 직업 명칭은 무엇인가? 사실 불우한 시대의 노비야, 주인이 원하는 일이면 뭐든 했어야 하니 거의 맥가이버 수준이었을 테지만, 그거야 직업이 분화되지 않은 상황에서일 뿐이지, 전문적 혹은 고정적으로 하는 일이라고 치면 아이가 하는 일도 명칭이 마땅히 있어야 한다.

어이 가리. 한양 성중을 어이 갈꺼나. 오늘은 가다가 어디 가 자고 가며, 내일은 가다가 어디서 잘끄나. 조자룡(趙子龍) 타고 월강허던 청총마(靑驄馬)나 가졌으면 즉시 한양을 가련마는, 조그만흔 요내

다리로 며칠을 걸어가잔 말이냐? 어떤 사람 팔자 좋아 일대 영화부귀헌디, 이놈 팔자는 어이허여 질품팔이가 웬일인가? 내 팔자도 불쌍허나, 춘향 신세가 가련허네. 낭군 위해 수절헌 게 그게 무슨 죄가 되어, 월삼동추(月三同推) 수옥중(囚獄中)으 명재경각(命在頃刻) 되었건만, 무정허신 구관 자제 몽룡씨는 편지 일 장이 돈절허네.

주목할 단어 '질품팔이'는 길품을 파는 사람을 의미하는데, 여기서 길품이란 물건이나 편지 등을 전해주기 위해 대신 길을 가는 사람을 의미하는 것이니, 요즘으로 치면 '택배' 혹은 '퀵서비스'에 해당하는 것이다. 따라서 아이가 지금 맡아하고 있는 일 역시 '질품팔이'라는 엄연한 직업 명칭을 가질 수 있다. 이 단어는 '품'과 '팔-' 그리고 '-이'가 결합한 형태이다. '품'은 돈이나 대가를 위해 제공하는 모든 일을 의미하는 것으로 '날품, 품삯, 하루 품' 등에서 확인되는 형태이고, '팔이'는 그런 일을 하는 사람이나 행위를 가리킨다. '성냥팔이'로 유명해진 '팔이' 형 단어들 가운데 '발품팔이'와 '길품팔이'도 엄연한 직업 명칭이었으며, 지금의 택배, 퀵서비스의 전신이었음을 확인할 수 있다.

숫나구, 암나구 보고
이리 뛰고 저리 뛰고 허는 것인개빈디요?

    전라도 방언의 백미는 역시 판소리와 완판 고소설이다. 판소리는 말할 것도 없고, 완판 고소설 또한 연구에 연구를 거듭하면서, 그 미학적, 언어학적 가치를 드러내고 있다.
    이 글에서는 춘향이가 그네 타는 모습과, 그 모습을 본 이도령이 춘향의 자태에 넋이 빠져 바야흐로 큐피드의 화살이 이도령의 가슴에 여지없이 꽂히는 장면을 완판 고소설과 판소리 한 대목으로 떠올려보기로 한다. 그러니까 '봄' 하면 떠오르는 '꽃, 나비, 생명, 기운, 나들이, 사랑'으로 이어지는 느낌들을 배경으로, 먼발치로 쳐다보기만 해도 가슴 떨리는 청춘남녀의 첫 만남을, 19세기 전라도 남원 땅의 삶을 고스란히 보여주는 언어들을 통해 다시 느껴보는 것도 즐거운 문화적 체험이리라.

"상단아* 미러라." 한 번 굴너 심을 쥬며 두 번 굴너 심을 쥬니, 발미터 가는 찍걸(티끌) 바람 좃차 펄펄, 압뒤 졈졈 머러가니 머리 우의 나무입은 몸을 짜라 흔들흔들 오고갈 졔, 살펴보니 녹음 속의 홍상(紅裳) 자락이 바람결의 너빗치니, 구만쟝쳔 빅운 간의 번기불리 쐬이난 듯, 쳔지지젼호현후(瞻之在前忽焉後)라. 압푸 얼는 하는 양은 가부야운(가벼운) 져 졔비가 도화 일 졈 쩌러질 졔 차려ᄒᆞ고 쏫치난 듯, 뒤로 번듯 ᄒᆞ는 양은 광풍의 놀넌 호졉, 짝을 일코 가다가 돌치난 듯, 무산션여 구름 타고 양뎍샹의 나리난 듯, 나무입도 무러보고 꼿도 질끈 꺽거 머리에다 살근살근, "이이 상단아. 근듸** 바람이 독ᄒᆞ기로 졍신이 어질ᄒᆞ다. 근듸쥴 붓들러라." 붓들랴고 무슈이 진퇴ᄒᆞ며 한창 이리 논일 젹의 셰너짜*** 반셕 샹의 옥비니 쩌러져 징징ᄒᆞ고, 비닉 비닉 ᄒᆞ는 소릭 산호치를 드러 옥반을 끼치난 듯, 그 틱도 그 형용은 셰샹 인물 안이로다.

---

* 19세기 전라도 말에서 'ㅎ'과 'ㅣ'가 만나면, 'ㅎ'이 'ㅅ'으로 변하는 특징이 있다. 이러한 현상을 가리켜 국어학계에서는 보통 'ㅎ' 구개음화 현상이라고 한다. 그러니까 여기 '상단아'라는 말은, '향단'의 '향'이 구개음화를 일으킨 전라도 방언형이다. 전라도에서 흔히 나타나는 'ㅎ' 구개음화의 예로는 '형님>성님, 힘>심, 혓바닥>쎗바닥 혹은 셧바닥' 등이 있다.
** 그네의 방언형. 현재 남원 지역을 비롯한 전라북도 전역에서는 '근네, 건네' 형을 비롯하여 '근듸'에서 비롯된 방언형, '근디, 군디, 군지, 훈지' 등이 나타난다.
*** 시냇가를 표기한 것으로 판단된다. 완판 고소설에서 한자어가 매우 빈번하게 나타나는 까닭에, 시냇가 또는 세내(細內), 즉 물줄기가 작은 내를 나타내기 위해 순 우리말을 한자어화한 것으로 보인다.

현대어 역 : "향단아 밀어라." 한 번 굴러 힘을 주며 두 번 굴러 힘을 주니, 발밑의 가는 티끌이 바람을 쫓아 펄펄, 앞뒤로 점점 멀어져가니 머리 위의 나뭇잎은 몸을 따라 흔들흔들 오고갈 때, 살펴보니 녹음 속의 붉은 치맛자락이 바람결에 내비치니, 마치 구만 리 먼 하늘의 하얀 구름 사이에 번갯불이 치듯, 그네가 앞에 보이다가 갑자기 뒤에 보이곤 하는 도다. 앞에서 얼른 하는 모양은 가벼운 저 제비가 복사꽃 한 점 떨어질 때 그것을 채가려고 쫓아가는 듯, 뒤에서 또 잠깐 하는 모습은 광풍에 놀란 나비가 짝을 잃고 가다가 갑자기 되돌아 나는 듯, 무산의 선녀가 구름을 타고 양대 위에 내리는 듯, 나뭇잎도 물어보고 꽃도 질끈 꺾어 머리에다 살근살근, "이애 향단아, 그네 바람이 독하여서 정신이 어지럽구나. 그네줄 붙들어라." 붙들려고 무수히 나갔다 물러갔다 하며 한창 이리 노닐 적에 시냇가 넓은 바위 위에 옥비녀 떨어져 쟁쟁 소리를 내니, '비녀, 비녀' 하는 소리가 산호로 만든 채를 들어 옥쟁반을 때리는 듯하여, 그 자태와 모습이 세상 인물이 아니도다.

5월 단오, 바야흐로 봄기운이 무르익어 온갖 생물이 발랄하게 움직이는 시절, 이팔청춘 춘향도 오늘만큼은 향단이 대동하고 오작교 추천(鞦韆, 그네)놀이를 나섰던 것이었다. 규방에 갇혔던 답답함을 그네 타기로 풀어내 힘닿는 대로 그네를 타던 춘향, 그렇게 '어울너울' 그네를 타다보니 어지럼증이 생겼겠다. 향단이 불러 그네 붙들게 하였

건만 향단이 그네를 붙들려고 그네줄을 당기네 마네 하면서, 춘향은
그만 머리에 꽂은 비녀를 떨어뜨렸다는 것이겠다. 시집도 안 간 처녀
가 비녀를 꽂았을 리 만무하겠지만, 말하자면 그렇게 머리 풀어질 만
큼 신이 났다는 뜻일 테고, 그네에서 내리려는 순간 옥비녀 떨어지는
장면도 생각하면 아기자기하고 귀여울 따름이니 그리 허물될 일도 아
니다.
 그러나저러나 춘향은 그렇다 치고, 춘향 그네 타던 모습을 먼발치서
바라보던 이도령은 급기야,

 마음이 울젹ᄒ고 졍신이 어질하야 별싱각이 다 나것다. 혼ᄌ말노
셤어(譫語)하되, '오호으 편쥬 타고 범소빅을 좃ᄎ스니 셔시도 올 이
업고, 히셩월야의 옥창비가로 초퓌왕을 이별하던 우미인도 올 이 업
고, 눈봉궐 하직하고 빅용퇴 간 연후의 독이쳥총하여스니 왕소군도
올 이 업고, 장신궁 지괴닷고 빅두름을 을퍼스니 반쳡여도 올 이 업
고, 소양궁 아침날으 시치하고 도라온 이 조비련도 올 이 업고, 낙포
션연가 무산선년가'.

 현대어 역 : 마음이 울적하고 정신이 어지러워 별생각이 다 나는
것이었다. 혼자말로 주절거리기를, 오호(五湖)에 편주(扁舟) 타고 범
소백(范少伯)을 따라갔던 서시(西施)가 올 리도 없고, 해성(垓城) 달
밤에〈옥장비가玉帳悲歌〉를 부르며 초나라 패왕과 이별하던 우미인

(虞美人)이 올 리도 없고, 단봉궐(丹鳳闕) 하직하고 백용퇴(白龍堆)에 간 후에 무덤에 홀로 머물던 왕소군(王昭君)이 올 리도 없고, 장신궁(長信宮)에서 문 걸어닫고 〈백두음白頭吟〉을 읊었던 반첩여(班婕妤)가 올 리도 없고, 소양궁(昭陽宮) 아침날에 시측(侍側)하고 돌아온 조비연(趙飛燕)이 올 리도 없고, 낙포선녀(洛浦仙女)인가, 무산선녀(巫山仙女)인가, 하며 주절주절 잠꼬대 같은 혼잣말을 하였던 것이었다.

이도령은 가히 글깨나 읽었음 직한 투로 중국의 온갖 고사를 인용하여 내로라하는 미녀들을 줄줄 주워섬겨내고 있다. 지금 같으면, 잘 알려진 미국 여배우 비비안 리, 오드리 햅번, 올리비아 핫세에서부터 샤론 스톤, 줄리아 로버츠 등을 그들이 출연한 장면을 떠올리며 주절대고 있을 법한 풍경이다. 그러더니 이도령, 방자더러 그네 뛰는 춘향의 모습을 보며, 누구냐고 묻는다. 그러나 우리의 귀염둥이 방자, 쉽게 고할 턱이 없다.

아니, 뭣을 보란 말씀이요. 소인 눈에는 암것도 안 보이는디라우? 병든 솔갱이(솔개) 깃 따듬느라고 두 날감지(날개) 쩍 벌리고 움쑥움쑥허는 것 보고 허는 말씀요? 고삐를 길게 매놓은 숫나구, 암나구 보고 이리 뛰고 저리 뛰고 허는 것인개빈디요?

우리는 위에서 세 가지 서로 다른 특성의 말하기를 보았다. 첫째는 춘향이 그네 타는 모습을 설명하는 말하기, 둘째는 이도령이 춘향의 자태에 넋을 잃고 빠져드는 과정에서 혼자 말하기, 셋째는 이도령의 질문에 비아냥대는 방자의 말하기이다. 세 가지 말하기 모두 각각의 특징을 갖는다.

첫번째 말하기에서는, 춘향이 그네를 타는 과정에 대한 상세한 묘사가 나온다. "향단아 밀어라"로 시작하여 힘을 주어가며 그네를 타기 시작하는 모습, 그네가 앞뒤로 점점 세게 나아가며 치맛자락이 날리는 모습, 어지럼증이 생겨 "그네줄 붙들어라"라고 말하며 그네에서 내리려는 모습, 그러다가 비녀를 떨어뜨리고 당황해하는 모습까지, 시작부터 끝까지 우리의 상상을 충분히 자극하고 있다.

두번째 말하기에서는, 이도령이 춘향의 아름다운 자태를 보고 중국의 고사에 나오는 미인들의 이름을 주절거리는 모습이 나온다. 이는 이도령이 식자층이라는 점을 드러내기 위함이기도 하겠으나, 판소리 자체가 식자층이 향유하던 문화적 산물이기 때문에 그만한 정도의 지적 유희에 합당한 말하기라 할 만하다.

세번째는 방자의 말하기이다. 능청스럽기 그지없는 방자의 말하기에서야말로 전라도 말씨가 돋보인다. 춘향의 아리따운 자태에 넋을 잃은 이도령을 보며, 병든 솔개 깃 다듬는 모습 정도로 약을 올리는 데까지는 봐줄 만하지만, 급기야 고삐 길게 맨 수탕나귀가 암탕나귀 보고 이리 뛰고 저리 뛰고 하는 모습을 보고 하는 말이냐고 할 때는, 이미 책방

도령 이도령이 자신의 처지를 잊고 도를 넘는 관심을 보이는 것에 대해 충분히 경계하며 비아냥대는 말하기임에 적실하다.

방자의 말하기는 당시의 저잣거리에서 말해졌음 직한 말하기 방식이 고스란히 살아나는 것에 비해, 춘향의 그네타기 묘사와 이도령의 독백에서 한문 문체와 고사들을 인용하는 방식은, 조선시대 식자층들이 한문의 절대적인 영향 속에서 살아왔기 때문에, 완판 고소설 역시 우선 한문 지식이 갖추어져 있지 않으면 제 맛을 누리지 못할 것임을 시사해주고 있다. 이는 당시의 문화적 토양이 그러했기 때문에 가능한 일이다.

완판 고소설과 판소리 등은 그야말로 자랑스러운 문화유산임에 틀림없지만, 한문에 익숙하지 않은 현대인에게 배경지식 없이 완판 소설이나 판소리를 향유하게 하는 것은 고역일 수 있으며, 지금은 쓰지 않는 방언형들마저 복병처럼 숨어 있어서 완판 고소설을 제대로 읽기는 참 어려운 일이다.

그럼에도 불구하고 완판 고소설과 판소리 속에 들어 있는 화려하고 순발력 넘치는 말하기 방식 그 자체로 본다면, 셰익스피어의 말하기에 대해 영국인들이 가지는 자부심 못지않은 자부심을 우리 또한 가질 법한 일이다. 그러나 진정한 의미에서 그것들을 자랑스러운 문화유산이라고 자부하려 한다면, 우리 자신이 그것을 이해하고 향유하려는 노력을 해야 할 것이며, 부단히 현대적 감각에 맞는 새로운 시도를 거듭함으로써 문화적 정체성을 확보하고 생명력을 존속시키는 노력을 해나가야 할 것이다. 말하자면 완판 고소설은 방언 소설이고 판소리는 방언 노래인 셈이니, 우리 시대에도 방언 소설과 방언 노래가 현대판으로 향유되어도 재미있을 것이다.

* 완판 춘향전을 읽는 데 도움이 될 만한 책으로는 『(판본 및 교주) 열녀춘향수절가』(김현룡 편저, 아세아문화사, 1996(개정판))를 추천할 만하다. 본 글의 해제도 이 책을 참조하였음을 밝혀둔다.

데숙이에 서캐 실은 예편네라두 하나 있으면

채만식의 소설은 읽을 때마다 경이롭다. 그가 구사하는 표현들은 어휘의 다채로움이나 비유의 생생함 그리고 작중인물들이 나누는 대화의 현장성이 절묘하게 어우러져, 소리꾼이 소리로 부른다고 해도 적절할 듯하고 사랑방에 모여 소리내어 읽어도 아주 재미있을 것 같다. 이 글에서는 『태평천하』 가운데 「실제록」의 내용을 재구성하여 채만식 소설 문체의 유려함을 즐겨보기로 한다.

윤직원은 이렇다.

"낸들 왜 그 데숙이(뒷덜미)에 서캐 실은 예편네라두 하나 있으면 좋 생각이 읎겠덩가? 아, 그렇지만 그렇다구 내가 이 나히에 어디 가서 즘잔찮게, 예편네 얻어달라구 말을 낼 수야 있넝가, 그렇잔형가?"

짐짓 체면은 차릴 줄 아는 위인인 듯하지만, "야, 이 수언(순) 불효막심헌 놈덜아! 그래, 느덜은 이놈덜, 밤낮 기집 둘셋 얻어놓구…… 그러면서, 이 늙은 나넌 이렇기…… 죽으라구 내버려두어야 옳단 말이냐? 이 수언 잡어뽑을 놈덜아!" 하고 맏아들 창식이, 큰손자 종수를 노골적으로 공박할 정도이니 말 다 했다. 게다가 알고 보면 혼자 지낸 건 작년 가을 일 년 정도이고, 그전까지는 첩이 끊일 새가 없었다. 지난 십 년 동안 갈아세운 첩만 해도 무려 십여 명은 될 것이며, 그 첩들도 기생 첩, 가짜 여학생 첩, 명색 숫처녀 첩 등 가지각색이었으며 두서너 달씩 살다가 바뀌곤 했단다.

기실 돈 십원 한 장이면 반반한 얼굴에 노래도 명창인 기생놀이를 할 만하지만, 돈이 십원, 파랑딱지 그놈 한 장이면 일원짜리로 열 장이요, 십전짜리로 일백 닢이요, 일전짜리로 천 닢이요. 옛날 세상이라면 엽전으로 오천 닢이요, 오천 닢이면 만석꾼이 부자라도 무려 천칠백 번이나 저승을 갈 수 있는 노수라는 걸 짜하게 계산해낼 줄 아는 위인이라, 함부로 돈을 쓸 사람도 아니다.

해서 열너덧 살 먹은 어린애들 데려다가 말눈깔사탕도 사먹이고 책도 읽히고 머리도 쓰다듬어주고, 밤이 이슥한 뒤에 첫날은 일원 한 장 손에 쥐여주고 인력거 태워 보냈다가, 다음날부터는 버릇 들까 무서워 사나흘에 한 차례로 입씻이하고 인력거 대신 삼남이 딸려 보낼 재미를 찾았던 것이다. 기회만 있으면 머리 쓰다듬던 팔로 목을 그러안으려다가 허리를 끌어안으려다가 무려 다섯 번이나 창피를 당했지만, 양반이 파립 쓰고 한 번 대변보기가 예사지, 파렴치한 짓도 여러 차례 하다보면 이골이 나는 법이라, 윤직원 영감은 처음 뜻을 굽히지 않고 웬만한 '입

살'을 타지 않는 춘심이와 한판 거래를 하게 된다.

　첫째 판, 섯바닥은 짤뤄두 침은 멀리 비얕넌다더니.
　"아까 낮에 명창대회서 영감님이 연신 조오타! 조오타! 하시던, 적벽가 새타령 하까요?"
　"하앗다! 고년이 서빠닥은 짤뤄두 침은 멀리 비얕넌다더니, 이년 아 늬가 적벽가 새타령을 허머넌 나넌 하눌서 비를 따오겄다!"

　둘째 판, 영감 죽구서 무엇 맛보기 첨이라더니!
　"너, 배 안 고프냐?"
　"아뇨, 왜요?"
　"배고프다머넌 우동 한 그릇 사줄라구 그런다."
　"아이구머니! 영감 죽구서 무엇 맛보기 첨이라더니!"
　"저런 년! 주둥아리 좀 부아!"

　셋째 판, 누가 그런 비싼 것 말이간디?
　"저런 년 부았넝가! 헤헤, 그거 참! 이년아, 그러지 말구, 이리 오너라. 이리 와잉, 춘심아!"
　"그럼, 나 반지 사주믄?"
　"반지? 에라끼년! 누가 그런 비싼 것 말이간디야!"
　"일없어요! 시방 가서 사주시믄 몰라도."

"내일 낮에 가서 사주마, 사주께. 그러지 말고 이리 오니라!"

넷째 판, 연애를 하면 밥이 쉬 삭는다.

연애를 하면 밥이 쉬 삭는다구요. 윤직원 영감은, 속이 다뿍 허출해서 우동 한 그릇을 탕수육 반찬 삼아, 걸게 먹었습니다. 트림을 끄르르, 새끼손 손톱으로 잇자를 후벼서 밀창문에다 토옥, 담뱃대를 땅따앙 치면서 하는 소립니다.

"늬집에 가서 이런 이얘기 허머넌 못쓴다!"

"무슨 얘기요?"

"내가 반지 사주구서 말이다, 저어 거기서, 응? 그 말 말이여!"

"네에, 네…… 않습니다."

"나, 욕 읃어먹지, 너, 매 읃어맞지. 그리서사 쓰겄냐? 그러닝게루 암말두 허지 말어, 응?"

윤직원 영감이 갈데없이 근천스런 X배요 납작한 체격에 형적도 없는 모가지를 한 거간꾼 '올창이'와 나누는 신세 한탄은 심봉사가 딸 팔아먹고 하는 신세 한탄조로, 창식이 종수를 공박하며 내뱉는 포악떨이는 춘향 모 거지 행색의 이도령 만나는 대목으로, 춘심이와 벌이는 수작은 이도령과 춘향이 나누는 사랑놀이로, 윤직원 영감의 첩 내력, 돈타령은 놀부의 심술 내력을 늘어놓고 화초장 이름 까먹는 대목의 창으로 불러도 그만이란 생각이 든다. 하여튼 채만식 소설은 구술문화가 번창

제4부 가슴마독 저마다의 꽃심이 있으니

하던 시기의 끝자락에서 탄생한 소설이며, 그런 점에서 전라도 말본새를 자원으로 꽃피웠던 판소리와 닮아 있기 때문에 소리내어 읽어야 소설 읽는 참맛이 나는 것 같다.

고까짓 것 엎어지면 코 달 년의 디

　이십팔 관하고도 육백 냥(약 107킬로그램)짜리 윤직원 영감을 태운 인력거꾼은 평탄한 길로 오기도 무던히 힘이 들었지만, 골목으로 들어서서 경사진 길을 이십여 가호나 지나도록 인력거를 끌어올리느라 혀가 빠질 지경이었다. 해서 가쁜 숨을 돌리면서 막 땀을 훔치고 있는 찰나였다.

　"야, 이 사람아! 좀 부축을 하여줄 일이지, 그냥 그러구 뼈언허니 섰어야 옳단 말인가?"
　"……"
　"인력거 쌨이 몇푼이당가?"
　"그저 처분해줍시오."
　"으응! 그리여잉? 그럼, 그냥 가소!"

악질 지주 윤용규의 아들 윤두꺼비가 인력거 삯을 떼먹으려는 장면이다. 노력한 만큼의 대가를 정당하게 받을 일이지, 젖 먹던 힘까지 써서 겨우 겨우 끌어올린 대가를 웃돈으로 얹어받을 요량으로 던진 그 한마디 '처분대로' 때문에, 어젯밤 꿈자리를 탓해야 할 인력거꾼의 처지가 가엾다.

"아아니, 여보소, 이 사람, 자네가 아까 날더러 처분대루 허라구 허잖혔넝가?"
"네에!"
"그렇지? 그런디, 거, 처분대루 허란 말은 맘대루 허란 말이 아닝가? 그리서 나넌 그렇기 처분대루, 응? 맘대루 말이네! 맘대루 허라구 허길래, 아 인력거 삯 안 주어두 갱기찮헌 종 알구서 그냥 가라구 히였지! 거참! 나는 벨 신통헌 인력거꾼두 다아 있다구, 퍽 얌전하게 부았지! 늙은 사람이 욕본다구, 공으루 인력거 태다주구 허넝게 쟁히 기특허다구…… 이 사람아, 사내 대장부가 그렇기 그짓말을 식은 죽 먹듯 헌단 말잉가? 일구이언은 이부지자라네. 암만 히여두 자네 어매가 행실이 좀 궂었덩개비네!"

이젠 제값은 고사하고 죄 없는 어머니마저 욕을 먹을 지경이다.

"나 참, 세상으 났다가 벨일 다 보겠네! 아아니 글씨, 안 받어두 졸

뜨으기 처분대루 허라던 사람이, 인제넌 마구 그냥 일원을 달래여? 참 기가 맥히서 죽겄네, 그만두소. 용천배기 콧구녕으서 마널씨를 뽑아먹구 말지, 내가 칙살스럽게 인력거 공짜루 타겄당가! 을매 받을랑가? 바른대루 말허소!"

"그럼 오십전만 주십시오."

"아니, 이 사람이 시방, 나허구 실갱이를 허자구 이러넝가? 권연시리(괜시리) 자꾸 쓸데없넌 소리를 허구 있어! 아, 이 사람아, 돈 오십전이 뉘 애기 이름인 종 아녕가? 고까짓 것 엎어지면 코 달 년의 디를 태다주구서 오십전씩이나 달라구 허닝게 말이여!"

"과하게 여쭙잖었습니다. 그리구 점잖은 어른께서 막걸리 값이나 나우 주서야 허잖겠사와요?"

"옛네, 꼭 십오전만 줄 것이지만, 자네가 하두 그리싸닝게 이십전을 주넝 것이니, 오전을랑 자네 말대루 막걸리를 받아먹든지 탁배기를 사먹든지 맘대루 허소. 나넌 모르네!"

이젠 적반하장격으로, 누가 기가 막힐 일인지 종잡기도 힘이 든다. 말로 따진다면야 수전노 윤두섭의 주장이 일리가 있다. 인력거꾼이 공연한 말을 해가지고 윤두꺼비가 안 내도 될 돈을 내야 할 판이니 그로서도 할 말이 있다.

"건 너무 적습니다!"

"즉다니? 돈 이십전이 즉단 말인가? 이 사람아, 촌에 가면 땅이 열 평이네, 땅이 열 평이여!"

"십전 한 푼만 더 줍사요. 그리구 체두 퍽 무거우시구 허셨으니깐, 헤……"

"아니, 이 사람이 인제넌 벨 트집을 다아 잡을라구 허네! 이 사람아, 그럴 티면 나넌 이 큰 몸집으루 자네 그 쬐외깐헌 인력거 타니라구 더 욕을 부았다네. 자동차니 기차니, 몸 무겁다고 돈 더 받넌 디 부았넝가?"

"헤헤, 그렇지만……"

"어쩔티어? 이것 받어갈랑가? 안 받어갈랑가? 안 받아간다면 나 이 놈으로 괴기 사다가 야긋야긋 다져서 저녁 반찬이나 히어먹을라네."

윤두섭의 말하기가 부럽다. 말이란 게 그런 것이다. 이치를 따져가면서 자신에게 이로운 말을 잘 찾아가며 써야 한다. 물론 대화 상대자 사이의 힘의 우열관계가 말하기의 흐름을 변화시키지만, 결국은 어떤 말을 선택하여 말하느냐에 따라 상황은 계속 변동되게 마련이다.

이 말하기에서는 누가 뭐래도 윤두섭이 이겼다. 인력거꾼이 제값을 받아내려면 악다구니를 쓰거나, 제값을 받아야 할 당위성을 설파했어야 옳다. 답답한 일이지만 인지상정이 통하지 않는 사회에서나, 이해관계가 첨예한 상황에서는 한마디 한마디에 신중해야 한다.

방언, 현장의 언어 속에 들어 있는 엄연한 사회적 역학관계야말로 우리의 삶과 직결되는 문제이다. 자신의 이익이라면 한치의 양보도 허용하지 않는 극단적 이기주의자 윤두섭은 이 시대에 꼭 맞는 사람인 것 같다. 그가 늘 입에 달고 다니는 욕으로는 '잡아뽑을 놈, 짝 찢을 년'이 대표적이다. 그런 그가 참새가 '찍 한다'고 해도 죽고 '짹 합니다' 해도 죽고 필경 '짹짹 한다'고 해도 죽을 판국에서, 화적패를 향해 악다구니를 쓴다.

"착착 깎어죽일 놈!"

서방이 안 돌아부아주닝게 오두가 나서 그러지

인터넷이 상용화되면서 종종 그 위력에 탄복할 때가 많다. 그래서 웬만한 정보는 일단 인터넷 검색을 하면 될 정도이다. 그런데 정보의 양이 많다보니까 그 질에 있어서 혹간 문제가 생기는 경우가 있다.

우리말에 대한 정보 역시 상황은 비슷하다. 예를 들어 세간에서는 '어처구니'가 '맷돌의 손잡이'라고 한다. 이 말이 쓰이는 상황을 고려해보면 '어처구니없다'는 표현이 생긴 것이 신기할 정도로 적확하고 실감난다. 콩이나 팥을 삶아서 맷돌에 갈 준비를 다 해뒀는데 막상 맷돌 앞에 섰을 때 맷돌에 손잡이가 없다니, 이 무슨 황당하고 무계한 일인가. 그러니 당연히 대책이 서지 않는 어떤 해괴한 일을 당했을 때 '어처구니없다'라는 말은 한때 가히 빛나는 표현이었을 듯하다.

그러나 맷돌 손잡이 이름이 '어처구니'인지는 확인하기 어렵다. 그래서 네이버에서는 '어처구니'의 어원에 대해 아마추어 어원학자들의 논쟁이 뜨겁다. 기와를 맞추려면 요철이 있어야 하는데 그 요철에서부터 '요철구니'라는 말이 나왔다고 하는 사람도 있고, 심지어 '엄청'이라는 말에서 '엄청구니', '어처구니'가 나왔다는 사람도 있다. 이쯤 되면 종종 텔레비전에 출연하는 어원학자나 국어학자의 도움을 받아야 할 상황이지만, 사실상 어떤 단어의 어원을 과학적으로 밝히 드러내는 일은 역시 난제 중의 난제임에 틀림없다. 그래서 어원을 밝히는 일에는 응당 민간어원설(folk etymology)이 난무할 수밖에 없는지도 모른다.

민간어원설은 대부분 아주 예리한 관찰과 풍부한 상상에서 비롯된 것이며, 그래서 그 자체가 하나의 창작이다. 예를 들어 눈, 코, 입, 귀가 모두 정신이 드나드는 굴이어서 '얼굴'이라는 말이 생겼다는 주장 역시, '어처구니'가 '맷돌 손잡이'인 것만큼이나 재미있고 실감나는 이야기이다. 그러니까 예리한 관찰과 풍부한 상상력 그리고 현란한 표현 솜씨, 그것이 곧 문학을 문학답게 만드는 원천이라면, 민간어원설 역시 훌륭한 창작의 한 하위분야인 셈이다.

어원을 과학적으로 밝히 드러내는 일은 어원학자들이 골머리 싸매고 해야 할 과학의 한 분야이며, 민간어원설의 난무는 말에 대한 관심과 애정 그리고 예리한 관찰과 풍부한 상상의 결과이기 때문에 따뜻한 시각으로 즐기면 그뿐이다. 그러면 작가로서의 어휘 사용은 어떠해야 하는가. 이와 관련하여 채만식의 소설 『태평천하』에 나오는 '오두가 나다'라는 표현을 가지고 이야기를 풀어보기로 한다. 먼저 '오두가 나다'는 어떤 상황에서 사용되었으며, 그러한 어휘 사용에 어떤 내막이 숨겨져 있는가에 대해 살펴보자.

 ① 짝 찢을 년! 그년이 서방이 안 돌아부아주닁게 오두가 나서 그러지, 오두가 나서 그리여!(「서양국 명창대회」)
 ② 윤직원 영감은 (……) 며느리 고씨더러, 짝 찢을 년이니 오두가 나서 그러느니 한바탕 귀먹은 욕을 걸쭉하게 해주고 나서야 적이 직성이 풀려.(「마음의 빈민굴」)
 ③ '흥! 누구 말마따나, 오두가 났나? 왜 저 모양인구? 암만 그래보지? 내가 애먼 화풀이를 받아주나……' (「관전기」)

 위의 예문 ①, ②는 윤직원 영감이, 심기가 불편한 끝에 하는 며느리 고씨의 행실들에 대해 "오두가 나서" 그러는 것이라고 폄하하는 상황이며, ③은 청맹과니 손자 경손이가 제 조모 고씨의 나무람에 그녀의 고까운 마음을 짐작하여 표현한 것이다. 여기서 "누구 말마따나"는 '윤직원의 말마따나'이며, "오두가 났나"란 표현은 제 할머니 고씨가 자신에게 해대는 포악에 대한 경손의 속마음을, 제 증조부 윤직원이 입버릇처럼 하는 말 '오두가 나다'를 빌려 표현한 것이다. 그러니까 '오두가 나다'는 모두 고씨가 마음이 언짢아서 하는 행태를 비아냥대거나 대놓고 폄하하는 표현인 셈이다. 그리고 며느리 고씨는 윤직원의 표현을 빌리자면 '오두가 나서' 집안일을 모르쇠하고 밖으로 싸돌아다니거나 애먼 사람에게 화풀이를 하는 셈이다.

이러한 상황을 토대로 '오두가 나다'를 사전적으로 풀이하자면 '언짢은 일을 당하거나 몹시 심기가 불편해진 상태에서 보통 이상으로 그 심기를 드러내다'의 의미이다. 시쳇말로 치자면 '골이 나든 뿔이 나든' 한 상황이다. 보통의 경우 '오두'라는 말은 '오두방정'으로 익숙해져 있는 것이며, 따라서 '오두가 나다'는 사전적 풀이처럼 '방정을 몹시 떨다'로 이해된다.

방정을 떠는 데도 여러 종류가 있다. 오두방정과 가장 가까운 것은 '초라니방정'이고, 그 외에도 '입방정', 전라도에서는 '깨방정'도 떤다. '초라니'는 음력 섣달 그믐날 밤에 대궐에서 악귀와 사신을 쫓는 나례(儺禮)를 거행하는 자로, 황금빛의 네 눈과 방울이 달린 곰가죽을 씌운 큰 탈을 쓰고 붉은 윗옷에 검은 치마를 입었다고 하니, 그 모양이 어떠했을지 짐작할 만하다. 홍길동을 죽이려는 홍판서의 첩 초란의 짓이나 하회별신굿에서 양반을 놀리는 '초랭이'의 방정이 모두 '초라니방정'으로부터 비롯되었음 직하다. 또한 '입을 재게 놀려 떠는 방정'은 '입방정', '깨를 털 듯, 깨가 튀듯, 깨처럼 자디잘 듯' 떠는 방정은 '깨방정'일 게니, 방정을 떠는 데도 상황마다 방식의 차이가 있는 셈이다.

다시 네이버 지식in의 주장에 따르면 오두는 '괴상한 잡것이나 온갖 잡귀를 낮잡아 이르는 말'인 '오도깨비'에서 비롯된 것이라고 하니, '오두가 나다'는 말도 꼭 그럴 법하다. '오두가 나다'의 '오두'를 '오도깨비'로 가정하자면 '오두가 나다'는 '괴상한 잡것이나 잡귀'처럼 된 상태이며, 그로 말미암아 방정을 떠는 것이 '오두방정'인 셈이다. 그리고 그 상태가 더 심해지면 '오두발광'을 하게 된다.

오두가 오도깨비에서 왔는지에 대해서는 논란의 여지가 있다. 다만 '오두'와 함께 출현하는 동사 '나다'에 어울리는 명사들 '화, 심술, 짜증, 신경질, 골……' 중에서 '뿔'까지 있는 걸로 보면, '오두'는 어떻든 도깨비 모양을 연상하게 할 만하며, 여기서 또한 민간어원설의 이미지 형성 기능이 적시에 적용되는 셈이다. 나아가 '오두'와 '방정'이 결합하는 단어 형성의 과정에서 '오두'에 버금가는 어휘들, 예를 들어 '도깨비'라든가 혹은 '안달'이라든가 하는 단어들 역시 '방정'과 더불어 사용됨으로써 새로운 어휘를 형성할 수 있는 가능성도 충분히 타진할 수 있을 것이다.

아무튼 '오두방정'을 '오두'와 '방정'으로 나눈 채만식의 언어감각으로 말미암아 우리는 오늘날 '오두'에 대해 다시 생각할 기회를 갖게 되었고, 그러다보니 '방정'에 대해 그리고 민간어원설의 기능과 효과에 대해 그리고 무심결에 사용하고 있는 어휘의 구성과 그 잠재적 표현 가능성에 대해서마저 새로운 이해에 다다르게 된 셈이다. 그리하여 이후에 우리가 '방정'을 만나거나 표현할 기회가 있을 때, 그에 대해 한번 더 생각하고 또 좀더 잘 어울리는 표현을 선택할 수 있다면 그 또한 즐거운 일 아닐까.

때까치맹이로 땍땍, 무시 뽑디끼 쑥쑥

최명희의 소설『혼불』에 나타난 용례들을 통해서, 전라도 방언에서 무엇을 비유해서 말할 때 사용하는 통사적 장치 '맹이'와 '디끼'에 대해 살펴보기로 한다.

사램이 옷을 입는디, 옷고룸이나 단초가 없으면, 앞지락이 이렇게 벌어져갖고 미친년이나 농판맹이로 요러고 안 댕기냐? 다 벗어지게. 그런 중도 모르고 헐레벌레 기양 댕기먼 어뜨케 되야? 꾀(옷) 벗제잉. 망신허고, 동지섣달에 그러고 댕기먼 얼어죽고, 그거이 먼 짓이 겄냐. 옷고룸 짬매고, 단초 장구고, 앞지락 못 벌어지게 붙들어 걸어야제. 근디 그거이 쉽들 안헝 거이다. 니 인생 미친년 안 되고, 꾀 안 벗을라면, 요 단초 한 개 수얼허게 보지 말어라이?"

시어미가 방물가방 속에 든 앵두단추 한 개를 며느리 서운이네의 저고리에 달아주면서 여성으로서의 조신한 삶을 당부한다. 그이의 말을 듣고 보면 아니나 다를까 저고리 단추 하나의 상징성이 상당하다.

한편, 머리가 반백이 되어가는 공배는 아직 성질 못 이기는 조카 춘복이의 행실이 못마땅해서 푸념조의 훈계를 쏟아내고, 팔팔한 춘복이가 그 혈기를 좀체 삭이지 못하자 훈계를 넘어 살기 냉랭한 경계의 말을 던진다.

"너도 인자 나이 먹어바라. 지 몸뗑이 건사허기도 힘들고, 처자권속 입으 풀칠도 해야고, 살든 자리서 곱게 죽어갈라면 그렇게 성질대로는 못 사는 거이다. 까딱 잘못허머언, 이만한 복쪼가리도 쪽박 뚜드러 깨디끼 지 발로 박살내고 마는 거여. 옛말에도 다 세 치 쎗바닥을 조심허라고 안 했능갑서."

"모르겄소. 나도 늙어 꼬부라지면 아재맹이로, 붙들이란 놈 오그려 앉혀놓고, 참어라, 참어야능 거이여, 헐랑가 모르겄지마는, 아직은 쎗바닥에 힘이 뻗쳐서 그렁갑소."

"쎗바닥이 칼날잉게 조심허그라. 니 목구녁 니가 찔른다."

이 자리에서 새삼 혼불의 문학적 가치에 대해 논할 일은 아니나, 이 소설이 백 년 남짓 전의 전라도 사람들이 살아온 삶의 구체적인 모습들을 문학적 공간 속에 재현, 영원히 살아 있게 만들었다는 데는 이견이 없을 것이다. 그런 맥락에서 이 소설 속의 대화들 또한 지금도 여느 마을 고샅이나 '시암가상(샘가)'에서 쉽게 들을 수 있을 만큼 생생하다.

이 소설에서처럼 전라도식 말하기 방식 중에는, 말하고자 하는 내용을 좀더 사실적으로 만들기 위해 혹은 강조하기 위해 통사적 장치 '맹이'와 '디끼'를 이용하여 빗대어 말하는 방식이 널리 통용되어왔다.

"하이고오, 신랑 좀 보소. 똑 꽃잎맹이네."
"내동 암 말도 않고 소맹이로 일만 잘허드니. 무신 바램이 또 너를 헤젓는다냐."
"무단시(괜히) 비얌맹이로 그 방정맞은 셋바닥 조깨 날룽거리지 말란 말이여."
"너는 무신 노무 목청이 그렇게 때까치맹이로 땍땍땍땍 시끄럽냐아."

꽃잎 같은 신랑, 큰마님 같은 신부, 소처럼 일하던 춘복이, 뱀 혓바닥처럼 날름거리며 시답지 않은 말을 많이 하는 짓, 때까치 소리만큼이나 시끄러운 말 등에서처럼, '맹이'는 신랑을 꽃잎에 비유해서 사내답지 않게 어여쁜 신랑을 기분 나쁘지 않게 놀려도 보게 하고, 시끄러운 말소리를 때까치 울음에 비유해서 소음의 상태와 심리적 거부감을 적절하게 드러내기도 한다.

'맹이'는 의미상으로는 표준어 '같이, 처럼'에 대응하지만 그 형태가 판이하게 다르다. 아마도 '모양'에서 비롯하여 아주 오랜 세월을 거치며 그렇게 줄어들고 또 그 나름의 문법적 기능이 발달된 것으로 판단된다. 어떻든 맹이는 반드시 체언, 즉 명사와 대명사 뒤에 와야만 한다.

"이노무 신세는 머 생기는 것도 없이 참을 것만 산데미맹이로 첩첩허니……"
"썩이 삭어비어부러서, 바람 들어 썩은 무시맹이로 씨커멓게 비치네요."
"대가리 송곳맹이로 세우고 달라들어봤자 놀랠 사람도 아니고."
"쇠털맹이로 많은 날 다 두고, 훤헌 대낮 다 두고, 멋헐라고 의원을 부른대?"
"아금니 까악 물고 말도 장 안 허고 장승맹이로 버티고 앉어만 있드니, 인자 웃소예?"
"엿가래맹이로 처붙어 있을 때는 언제고, 왜 가는 사람 찐드기맹이로 놓들 안 히여?"
"낯색 바꾸는 거이 꼭 비 오다 구름 개고 구름 쪘다 날 개는 것맹이여. 말짱 씻어불제."

'맹이'와 동일한 의미를 가지면서 통사적 환경만 다른 것이 바로 '디끼'이다. 즉 '맹이'는 체언 뒤에 붙고, '디끼'는 용언 뒤에만 붙는다.

'디끼'는 표준어 '듯이'에 대응하는 방언형인데, 아주 오래 전에 '듯기'였던 것이 서로 다른 변화를 겪어 방언과 표준어로 나뉘게 된다. 비록 '듯이'와 '디끼'가 의미는 같으나 어감의 차이는 상당하며, 더구나 표현의 강도를 높이기 위한 언어적 장치로서는 맹맹한 어감을 가진 '듯이' 보다야 팽팽하고 강렬한 어감을 갖는 '디끼'가 제격이다.

"씨? 씨가 머이간디? 일월성신이 한자리 뫼야앉어서 콩 개리고 팥 개리디끼 너는 양반 종자, 너는 쌍놈 종자, 소쿠리다가 갈러놓간디? 그리갖고는 땅 우에다가 모 붓는 거여?"

"아, 초례청으서 그렇게 사모 뿔따구를 기양 모래밭으 무시 뽑디끼 쑥, 뽑아부러갖고, 정 없단 표시를 딱 해부렀는디 머."

"아이고, 그러면, 또 그 당대에 참말로 조리쌀 털어내디끼 그 재산을 다 엎어부렀으까요?"

"그러면 기양 지름조우 불 붙디끼 화악 번질거이그만, 소문이. 발 없는 말이 천 리를 간다고, 그께잇 거 오래 걸리도 안 헐 거이네."

"소문만 익으면 홍시감 꼭대기 빠지디끼 강실이는 톡 떨어지게 되야 있어. 자개 앞으로. 그러면 줏어오면 되잖여."

표현 강화의 장치 '맹이'나 '디끼'를 사용할 때는 세밀한 관찰과 정확한 비유가 있어야 한다. 즉 평소 일상에서 접하는 모든 사물의 특성에 대한 날카로운 통찰력이 바탕이 되어야 하는데다, 적절한 발화 순간을 포착해야 하는 순발력까지 갖추어야 한다. 놀랍게도 이 지역 민초들의 경우는 그러한 언어적 순발력이 뛰어날 만큼 발달되어 있다. 그런 점에서 본다면 전라도가 판소리와 고대소설의 본향이 되는 데 있어, '맹이'와 '디끼'의 숨겨진 공로 또한 무시할 수 없는 일인 듯하다.

가슴마다 저마다의 꽃심이 있으니

　작가 최명희의 문학세계를 기념하는 문학관이 전주에 생겼다. 작가의 정신은 작품으로 남아 세세로 유전될 것이지만 이 문학관 또한, 그를 사랑하는 독자들이 그의 여러 면모를 누릴 수 있는 가치 있는 공간으로 성장하기를 빈다. 이를 계기 삼아, 구체적으로 사용되고 있는 한국어의 변종을 토대로 잠재적인 단어를 절묘하게 사용하여 표현의 지평을 넓힌 작가 최명희의 꽃 같은 어휘 몇 개를 만나보기로 한다.

　　꽃열매, 꽃안주를 먹고 나니 꽃마음 만발하여 춤을 춰도 꽃춤이요, 노래해도 꽃노래라.

　이 구절은 춤과 노래가 어우러지는 풍류판을 묘사하고 있는 장면이다. 서리 내린 국화로 담근 국화주, 5월 단오에 딴 앵두로 담근 앵두주,

봄꽃으로 빚은 화전주, 배와 생강으로 만든 이강주 등, 술도 안주도 꽃인 까닭에 술기운이 돌아 흥취가 나는 것도 꽃마음, 꽃춤, 꽃노래가 된다. '꽃열매, 꽃안주'에서의 꽃은 재료지만, '꽃마음, 꽃춤, 꽃노래'에서의 꽃은 아름답고 화사한 꽃의 자태, 꽃의 속성이 마음에도 춤에도 노래에도 스며 있는 것을 나타낸다. 꽃열매, 꽃안주는 '-으로 만든'이란 요소를 넣어 의미를 선명하게 밝힐 수 있지만, 꽃마음, 꽃춤, 꽃노래는 '같은'을 넣어 상황을 상상해야만 그 의미에 접근할 수 있다.

꽃열매, 꽃안주는 '꽃 열매, 꽃 안주'로 띄어쓰기를 하는 게 낫다. 그러나 꽃마음, 꽃춤, 꽃노래는 띄어쓸 수 없다. 구로 형성된 '꽃의 마음'이나 '꽃 같은 마음', '꽃의 춤'이나 '꽃 같은 춤'만으로 그 의미를 밝혀 드러내기 어렵기 때문이다. 그러니까 이들은 단어다. 단어지만 사전에 없는 단어다. 사전에 없지만 얼마든지 쓸 수 있는 단어고, 그 단어가 주는 표현의 신선함과 의도에 충분히 동조하고 공감할 수 있는 단어다. 이런 단어들을 '잠재어'라고 한다. 물론 이 잠재어들은 작가의 참신한 상상력과 조어력 덕분에 탄생하며, 또한 작가가 어려서부터 사용해왔던 구체적인 한국어 변종, 즉 방언의 생생한 언어적 토양이 바탕을 이루고 있는 것이다.

"'꽃심'이란 말이 있습니다. '꽃심'이란 말이 사전엔 물론 없어요. 그런데 저는 굉장히 그 말도 좋아요. 그리고 저희는 흔히 그 말을 쓰고 있거든요. (……) 그래서 저는 아, 왜 '꽃심'이란 말이 없을까, 그냥 너무나 애가 타요. 예, 있든지 말든지, 난 있으니까…… 사전에 없으면 없나요? 뭐 그러니까 그냥 저는 써버린 거예요. '꽃심'." (최명희, 「『혼불』과 국어사전」, 『새국어생활』 8-4호, 1998)

작가 최명희가 말하는 '꽃심'에 대한 언급에는 바로 작가의 언어적 토양을 이루고 있는 방언과 그 토양을 토대로 한 작가의 강렬한 표현 욕구가 반영되어 있다. 그런데 '꽃심'은 무슨 뜻인가.

그 꿈조차 짓밟히어, 차현 땅 이남의 수모 능욕을 다 당한 이 땅에서 꽃씨 같은 몸 받은 조선왕조 개국시조 전주 이씨 이성계. 천 년이 지나도 이천 년이 지나도 또 천 년이 지나가도, 끝끝내 그 이름 완산이라 부르며 꽃심 하나 깊은 자리 심어놓은 땅. 꽃의 심, 꽃의 힘, 꽃의 마음. 꿈꾸는 나라. 결단코 잊지 않고 잃지 않고, 맨 처음 나라 받은 그 마음을 밝히면서 아직도 귀순 복속하지 않은 마한의 순결한 넋으로 옛 이름 옛터를 지키는 전주 완산, 완산정, 완산칠봉, 완산다리.

이 구절은 전주에 대한 감상을 조선의 개국시조 이성계가 개국의 열정을 심었던 곳으로 풀이하면서, 그 시작되는 열정을 '꽃심'이라고 표현하고 있으며, 그에 대해 '꽃의 심' '꽃의 힘' '꽃의 마음'으로 풀어내고 있다. '심'은 한자 '마음 심(心)'과 같고 힘의 방언형 '심'과도 같다. 무엇인가를 간절히 바라는 욕구와 그 힘 있는 마음이 절묘하게 '심' 속에 들어 있다. '꽃의 힘, 꽃의 마음'은 무엇인가. 꽃은 아름답다고 말하지만, 건조하게 말하자면 식물의 생식기관이다. 따라서 낳고 싶고 맺고 싶어하는 그 간절한 생명력의 표현이기도 하다. 꽃심에 대한 이런 해석은 작가의 예민한 언어적 감각의 결과이다. 실제로 꽃심이 사용되는 용례 가운데 '저 녀석 꽃심 쓰고 있네'라고 한다면 '젖 먹던 힘까지 다해서 힘을 쓰는 모양'을 나타내는 의미가 된다. 기실 최명희가 활자화해 놓은 꽃심의 출발은 '꼿심'에서부터이다. 그러나 작가가 이 말로부터 열어놓은 다양한 가능성을 꽃심으로 되살려도 흠잡을 일은 아닌 듯하다. 어떻든 이러한 바탕 위에서 꽃심은 또다른 의미를 가질 수 있다.

비오리는, 스물한 살이 되던 해, **꽃심**이 진분홍으로 피어나는 복사꽃 가지 아래로, 남의 소실이 되어 집을 떠나갔다.

복사꽃을 들여다보면 꽃받침과 꽃잎 사이에 진홍빛 선이 그어져 있다. 그 짙은 선, 그것이 '꽃심'이다.

• 심(心)[명사]
1. 촉심(燭心)의 준말. 촛불의 심.
2. 심성(心星)의 준말.
3. 죽에 곡식가루를 잘게 뭉쳐넣은 덩이.
4. 심지의 준말.

5. (무, 배추 따위의) 속에 든 질기고 여문 부분.
6. (양복 따위의 어깨나 깃에) 빳빳하라고 넣는 물건.
7. 연필의 목재 외피 속에 박혀 글씨를 쓸 수 있게 된 부분. 연필의 심.
8. 나뭇고갱이.

'꽃심'의 '심'은 촛불 심지의 '심'이고 연필심의 '심'이다. 가늘고 여린 속성과 질기고 야무진 속성이 동시에 한 단어에 들어 있는 신기한 단어다. 단어 속에 들어 있는 이 두 속성이 작가의 감성에 포착되었고, 마침 힘과 심의 심상이 절묘하게 어우러지면서 이 단어의 생동감을 배가시키고 있다.

"오늘이 일본이 우리를 잠시 친 것 같지만, 우리를 지렁이로 펌하해서 군홧발로 무참히 짓밟겠지만, 우리는 짓뭉개진 오욕에도 결단코 죽지 않을 것이네. 밟은 그 발보다 오래 살아서, 우리 이름 우리 혼을 이어갈 것이야. 개한테 물리어도 생살은 돋아나듯이." 가슴에 꽃심이 있으니, 피고, 지고, 다시 피어.

예전부터 '시울'이란 단어에 대해 특별한 감정을 가졌던 내게 '꽃시울'이란 말도 퍽 인상적인 어휘였다. 시울은 활시위의 모양과 눈과 입 등의 가장자리를 가리키는 말이다. 활시울(활시위)과 눈시울, 입시울(입술)이 같은 어원을 가진 것임은 쉽게 짐작할 수 있다.

따갑게 익은 햇빛이 사람의 기척 없는 빈집의 지붕과 마당을 조청 같이 숨막히게 누르고, 제 물에 겨운 봉숭아, 맨드라미의 꽃시울이 한낮의 정적 속에 자지러지는데, 닫은 방문이 무색하게 온 몸뚱이를 맨살로 드러내고 있는 신발 네 짝은, 어쩌면 굳이 숨기려 할 것도 없는 행색으로도 보였다.

한편 장가드는 소년 강모의 인상에 대한 동네 사람들의 입방아를 보자.

"하이고오, 신랑 좀 보소. 똑 꽃잎맹이네." 사모(紗帽)를 쓰고, 자색(紫色) 단령(團領)을 입은 신랑은 소년이었다. 몸가짐은 의젓하였지만 자그마한 체구였고, 얼굴빛은 발그레 분홍물이 돌아, 귀밑에서 볼을 타고 턱을 돌아 목으로 흘러내리는 여린 선에 보송보송 복숭아털이 그대로 느껴진다.

꽃잎 모양인 신랑, 얼굴빛은 발그레 분홍물이 돌고 귀밑에서 볼을 타고 턱을 돌아 목으로 흘러내리는 여린 선에 복숭아털이 그대로 느껴지는 그 소년 신랑은, 요즘 말로 하면 '꽃미남'이다. 꽃미남은 기생오라비와 대조된다. 대상은 비슷하지만 사회적 평가는 정반대이다.

꽃미남은 예쁘면서 부드럽게 생긴, 그래서 여성들이 가진 아름다움의 요소를 가진 남성을 가리키는 말이다. 꽃미남은 기본적으로는 꽃처럼 잘생긴 남자의 의미에서 출발하지만, 여성 같다, 부드럽다 등 꽃에서 파생되는 부가적 의미 이외에도, 전도된 미남의 가치와 그 사회적 양상까지를 포함하고 있다. 꽃미남은 아직 사전에 등재되어 있지 않지만 이미 단어로 자리를 잡았다.

작가 최명희의 작가적 감성에서 비롯된 잠재어 '꽃심, 꽃시울' 등과 작금에 방송연예계에서 비롯된 잠재어 '꽃미남'은 사용되는 장은 달라도, 비슷한 출발선 위에 놓여 있는 것들이며 동시에 '꽃'을 단어의 구성요소로 이용한 점에서 눈길을 끈다. 꽃미남은 인터넷과 방송을 통해서 파죽지세로 퍼져나가고 있지만, 그와 대조적으로 꽃심, 꽃시울 등은 많은 사람들의 입에 오르내리지는 않는다. 하지만 표현하고 싶은 그 무엇에 대한 갈증을 느끼던 사람들에게는 눈이 트이고 귀가 열리는 단어로 살아갈 것이다.

가슴에 꽃심이 있으니, 피고, 지고, 다시 피어.

문학동네 산문집
눈 오는 날 싸박싸박, 비 오는 날 장갑장갑
ⓒ 김규남 2007

초판인쇄 | 2007년 8월 27일
초판발행 | 2007년 9월 3일

지은이 | 김규남
펴낸이 | 강병선
책임편집 | 조연주 고경화
펴낸곳 | (주)문학동네
출판등록 | 1993년 10월 22일 제406-2003-000045호

주　　소 | 413-756 경기도 파주시 교하읍 문발리 파주출판도시 513-8
전자우편 | editor@munhak.com
전화번호 | 031) 955-8888
팩　　스 | 031) 955-8855

ISBN 978-89-546-0383-6　03810

* 이 책의 판권은 지은이와 문학동네에 있습니다.
  이 책 내용의 전부 또는 일부를 재사용하려면 반드시 양측의 서면 동의를 받아야 합니다.
* 이 도서의 국립중앙도서관 출판시도서목록(CIP)은 e-CIP홈페이지(http://www.nl.go.kr/cip.php)에서
  이용하실 수 있습니다. (CIP제어번호 : CIP2007002590)

www.munhak.com